2015年度教育部全国高校出版社主题出版项目
2015年度四川省重点出版规划项目
2016年度四川省文化产业发展专项资金项目

中国古代文化线路——川盐古道
总主编：王子今 程龙刚

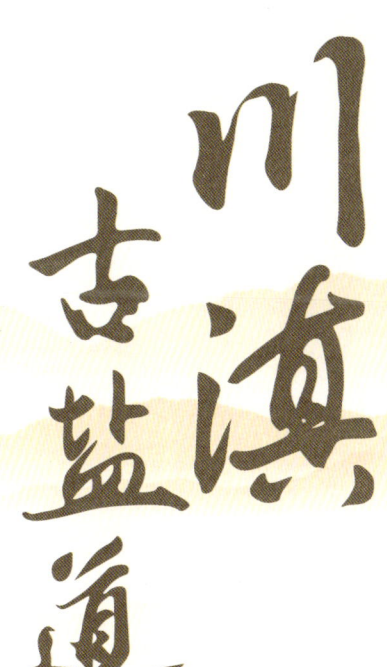

川滇古盐道

赵小平 等著

西南交通大学出版社
·成都·

图书在版编目（CIP）数据

川滇古盐道 / 赵小平等著. —成都：西南交通大学出版社，2020.10
（中国古代文化线路. 川盐古道）
ISBN 978-7-5643-7525-6

Ⅰ. ①川… Ⅱ. ①赵… Ⅲ. ①盐业史 - 四川②盐业史 - 云南 Ⅳ. ①F426.82

中国版本图书馆 CIP 数据核字（2020）第 144098 号

中国古代文化线路——川盐古道

Chuan-Dian Gu Yandao

川滇古盐道

赵小平 等著

出 版 人	王建琼
责 任 编 辑	居碧娟
封 面 设 计	四川应该文化传播有限公司
出 版 发 行	西南交通大学出版社 （四川省成都市金牛区二环路北一段 111 号 西南交通大学创新大厦 21 楼）
发行部电话	028-87600564　028-87600533
邮 政 编 码	610031
网　　　址	http://www.xnjdcbs.com
印　　　刷	成都市金雅迪彩色印刷有限公司
成 品 尺 寸	170 mm × 240 mm
印　　　张	11.75
字　　　数	195 千
版　　　次	2020 年 10 月第 1 版
印　　　次	2020 年 10 月第 1 次
书　　　号	ISBN 978-7-5643-7525-6
定　　　价	48.00 元

图书如有印装质量问题　本社负责退换
版权所有　盗版必究　举报电话：028-87600562

"中国古代文化线路——川盐古道"丛书编委会

总 主 编：王子今 程龙刚

委　　员：（按姓氏笔画为序）

王子今　邓　军　刘　乐　李　敏

宋青山　杨雪松　周　劲　周瑜昆

周翠微　赵小平　赵　逵　黄　健

程龙刚　魏登云

本成果同时还得到国家社科基金重大招标项目"历史上北方、南方和海上丝绸之路的互动关系研究及数据库建设"、国家社科基金西部项目"近代以前滇缅印经济交流与南方丝绸之路的发展"的资助!

序一

王子今[①]

明人何宇度《益部谈资》卷下写道:"'蜀道难'自古记之。梁简文帝诗云'巫山七百里,巴水千回曲',为川东舟行峡中作也。李白诗云'不与秦塞通云烟',为川北栈道作也。大都蜀道无不难如上青天者,峡固险矣,而陵亦匪夷。如夷陵至巴东之陆程,则视栈道何异?是其难又在楚不在蜀耳。"[②]这里虽然没有直接说到川滇、川黔通道,但是可知古人其实已经注意到蜀地通往各个方向的道路都必须克服山岭阻隔,即所谓"大都蜀道无不难如上青天者"。有理解"蜀道"就是"蜀中的道路"者,有的辞书也做这样的解说。[③]这样的认识不符合人们通常所理解的"蜀道"语义。[④]不过,言"蜀中的道路"各有其"难",则是确定的事实。不同的道路走向,或言"固险",或言"匪夷",人们克服艰难开辟这些交通线,用以从事品类繁多的物资运输。其中"盐",是最基本的生活必需品,是人类保障生存最重要的条件之一。盐运于是成为对于国计民生具有特殊意义的交通行为。"川盐古道"的重要与艰险,历来为人们瞩目。

盐产与盐运的开发与控制,与文明进程有密切的关系。《世本·作篇》记述了"宿沙作煮盐"的传说。[⑤]《说文·盐部》写道:"盐,卤也。天生曰卤,人

[①] 王子今:中国人民大学国学院教授,中国秦汉史研究会顾问。
[②] 文渊阁《四库全书》本。
[③] 汉语大词典编辑委员会、汉语大词典编纂处编纂:《汉语大词典》,汉语大词典出版社1991年12月版,第8卷第1036页。
[④] "蜀道"是在特定交通史阶段形成的具有较明确指向的交通线路,即穿越秦岭巴山的川陕道路。在秦以后形成的高度集权的统一王朝管理天下的政治格局中,国家行政中枢联系蜀地的交通道路即所谓"蜀道",定义是明确的。特别是李白名诗《蜀道难》问世之后,"蜀道"即交通"秦塞"的川陕道路的名义益为明朗。
[⑤] 《太平御览》卷八六五引《世本》:"宿沙作煮盐。"注:"宋衷曰:宿沙卫,齐灵公臣。齐滨海,故卫为渔盐之利。"中华书局用上海涵芬楼影印宋本1960年2月复制重印本,第3840页。《世本》雷学淇校辑本"渔盐"作"鱼盐",谓"三皇时制作"。〔汉〕宋衷注,〔清〕秦嘉谟等辑:《世本八种》,中华书局2008年8月版,《世本》雷学淇校辑本第76页。

生曰盐。""古者夙沙初作煮海盐。"①盐业，是文明初期较早发挥重要作用的产业。四川地方盐产资源的优越，使得借助盐运实现与其他地方的经济交流与文化交流，成为重要的历史文化条件。文明的发生与文明的发育，离不开"盐"的作用。而"川盐"内涵凝重、滋味深厚的历史表现，透露出延续千百年的深层探索的精神、世代创新的意识和宽怀阔放的胸襟。

自贡市盐业历史博物馆学术基础雄厚、学术交往活跃、学术研究积极，以其卓越的学术实力，曾经推出数量丰富的成果，质量均为上乘。由自贡市盐业历史博物馆组织创作、西南交通大学出版社出版的教育部全国高校出版社主题出版项目"中国古代文化线路——川盐古道"丛书，包括《自贡古盐道》《川滇古盐道》《川黔古盐道》《川鄂古盐道》等，分别介绍这几条古盐道通行历史、线路走向、往来方式以及盐道沿途的丰富文化遗存。这项工作当然是具有特别重要的学术意义的。

我们曾经关注过秦汉时期的盐产与盐运。《汉书》卷二八《地理志》载录各地盐官35处，其中蜀郡临邛、犍为郡南安、益州郡连然、巴郡朐忍，是巴蜀地方的盐官。杨远又作补考，其中有越巂郡定莋、巴郡临江。这样，巴蜀盐官计有6处。又《水经注》卷三三《江水》："江水又东迳临江县南，王莽之监江县也。《华阳记》曰：'县在枳东四百里，东接朐忍县，有盐官。自县北入盐井溪，有盐井营户，溪水沿注江。'"②如果计入"临江"，则西汉盐官《汉志》35处，严耕望考补2处，杨远考补6处，加上《水经注》此条信息所见1处，合计44处中，巴蜀占有7处，占全国盐官数量的15.9%。只是以进入国家行政序列的"盐官"讨论"川盐"，这样的认识显然是并不全面的。

秦汉时期巴蜀及周边地区大致以质量优异的井盐产品自给。井盐生产，是有世界史意义的伟大发明。分析自贡盐产及"川滇""川黔""川鄂"古盐道，从"文化线路"的视角考察区域交通系统及相关经济格局与文化态势，是非常有意

---

① 段玉裁注："《周礼》：盐人掌盐之政令。有出盐直用不湅治者，有湅治者。""夙，大徐作宿，古宿、夙通用。《左传》有夙沙卫。《吕览注》曰：夙沙，大庭氏之末世。《困学纪闻》引《鲁连子》曰：古善渔者，宿沙瞿子。又曰：宿沙瞿子善煮盐，许所说盖出《世本·作篇》，所谓'人生曰盐'也。"〔汉〕许慎撰，〔清〕段玉裁注：《说文解字注》，上海古籍出版社据经韵楼藏版1981年10月影印版，第586页。
② 〔北魏〕郦道元著，陈桥驿校证：《水经注校证》，中华书局2007年7月版，第774页。"监江县"，文渊阁《四库全书》本作"盐江县"。

义的学术课题。西汉成、哀间，出身成都的商人罗裒"贾京师"，"往来巴蜀"，"赊贷郡国"，又"擅盐井之利，期年所得自倍，遂殖其货"，遂以成功的工商业主名著史籍。①大概经营盐运是当时便捷的致富途径之一。四川出土汉代画像砖反映盐业生产的画面中对于盐运情景的精心描绘，也突出显现出马克思曾经强调的运输"表现为生产过程在流通过程内的继续"②的意义。而盐运引致的文化交流与文化融合，在相关"文化线路"遗存中保留了珍贵的历史信息。认识、说明并理解相关历史文化现象，是历史学者和文化学者的任务。

盐因民生意义的重要，渗透到文明史的各个层面，浸渍着不同地区渊源有异的多种文化存在。"中国古代文化线路——川盐古道"丛书分别进行研究，诸多学养深厚的作者辛苦踏查，精心撰述，完成了这套学术杰作。古道考察的收获，学术深思的心得，现在呈示在读者面前。其中颇多精致的学术新见，若干研究心得对学界的提示，又可能导致出现新的学术生长点。

这套"中国古代文化线路——川盐古道"的面世，无疑是盐业史、交通史研究方向新的学术推进。对于"川盐古道"今后进一步的考察和研究而言，提供了新的学术基点，开启了新的学术路径，由此也可以预见新的学术前景。

谨此向"中国古代文化线路——川盐古道"的作者表示祝贺，向自贡市盐业历史博物馆的朋友们表达诚挚的敬意。

2018 年 7 月 18 日

---

① 《汉书》卷九一《货殖传》："至成、哀间，成都罗裒訾至巨万。初，裒贾京师，随身数十百万，为平陵石氏持钱。其人强力，石氏訾次如、苴，亲信，厚资遣之，令往来巴蜀，数年间致千余万。裒举其半赂遗曲阳、定陵侯，依其权力，赊贷郡国，人莫敢负。擅盐井之利，期年所得自倍，遂殖其货。"中华书局 1962 年版，第 3690 页。
② 马克思：《资本论》第 2 卷，《马克思恩格斯全集》第 24 卷，人民出版社 1972 年版，第 170 页。

序二
程龙刚[①]

　　四川盐业历史悠久，源远流长。从《华阳国志·蜀志》记载的蜀守李冰"穿广都盐井"起，四川盐业已走过2200多年的灿烂历史。在漫长的历史长河中，四川盐业曾出现两个辉煌时期——太平天国运动时期与抗日战争时期。在这两个时期，川盐形成了巨大的运销网络和广阔的销售市场。太平天国运动时期，川盐除供应本省138个县以外，还远销湖南、湖北、云南和贵州等省120余个县；抗日战争时期，川盐除行销本省149个县以外，还运销湖南、湖北、云南、贵州、西康和陕西等省180多个县。川盐如此庞大的运销网络和广大的销售市场催生了运输食盐的水陆混合型道路。"修亿万人往来道路，开数十代远大途程。"这些盐道由盛产井盐的巴蜀地区出发，抵达川、渝、湘、鄂、滇、黔、陕等省市诸多的城镇和村落，成为数千年间这些地区经济文化交流的重要孔道，沉淀了盐味十足、丰富深厚的盐运文化遗产。

　　令人遗憾的是，长期以来学界对川盐古道缺乏系统而深入的梳理、调查、研究，文物主管部门对川盐古道上的盐运文化遗产缺乏应有的认识和重视，从而导致大量的盐运文化遗产飞速地消失，面临危局。为此，2014—2015年，自贡市盐业历史博物馆组织科研人员开展了大型学术考察活动——"寻访川盐古道"，对川、渝、滇、黔、湘、鄂、陕境内的盐运文化遗产进行了大规模的田野调查，中国社会科学院考古研究所、北京大学考古文博学院、中国人民大学国学院、四

[①] 程龙刚：自贡市盐业历史博物馆馆长、研究馆员，《盐业史研究》杂志社主编，四川省文物局专家库专家，四川师范大学专业学位研究生导师，中国商业史学会常务理事，中国商业史学会盐业史专业委员会副主任，中国商业史学会川商专业委员会副主任。

川省文物考古研究院、重庆市文化遗产研究院、贵州省文物考古研究所、湖南省文物考古研究所等单位的专家学者也应邀参加了考察。在为期约110天的考察时间里，考察团跋山涉水、顶酷暑冒严寒，行程数万千米，走遍了川、渝、滇、黔、湘、鄂、陕的山山水水、沟沟坎坎。

在此次学术考察活动中，我们全面细致地调查了川盐古道的运输路线，以及川盐古道上的码头、桥梁、堰闸、碑刻、驿站、盐号、盐店、盐仓、税卡、关隘、祠堂、庙宇、会馆、牌坊、摩崖石刻、运盐工具、古街、古镇等物质文化遗产和与盐运关联的仪式活动、船工号子、运盐习俗、民间歌曲、饮食文化等非物质文化遗产。通过深入系统的调查，我们发现川盐古道呈网络状辐射，像血脉一样串起周边地区的大小城镇和村落，绵亘在武陵山、大巴山、大娄山、乌蒙山、横断山脉等山区，沿沱江、永宁河、大宁河、赤水河、南广河、清江、沅江、酉水、郁江、乌江、雅砻江、金沙江等江河延伸，最后抵达川、渝、滇、黔、湘、鄂、陕等销区。正是依靠这些山山水水，川盐古道沟通了盐产地、沿线地区和销区的经济与文化，促进了土家族、苗族、彝族、仡佬族等少数民族地区与外界的交流。从这个意义上讲，川盐古道既是经济的生命线，又是文化的大走廊，可与南方丝绸之路、茶马古道媲美。

在学术考察取得阶段性成果的2014年10月24—26日，自贡市盐业历史博物馆联合四川省文物考古研究院、重庆市文化遗产研究院、中国盐文化研究中心在盐都自贡举办"川盐古道与区域发展学术研讨会"，来自全国9个省（直辖市、自治区）、67个单位的134位专家学者出席研讨会。中国社会科学院考古研究所王仁湘研究员、北京大学考古文博学院李水城教授、中国人民大学国学院王子今教授、北京大学文化遗产保护研究中心孙华教授、西南大学历史地理研究所所长蓝勇教授等专家学者均做了主题报告。在分组讨论会上，与会代表围绕川盐古道的线路、川盐运销与流域开发、川盐古道与区域社会变迁、川盐古道与人口迁移、川盐古道与集镇商业、川盐运销与民族地区开发、历史时期川盐运销管理体制、川盐古道与文化遗产等议题进行了广泛而深入的讨论。此次学术研讨会第一次研讨了"川盐古道与区域发展"的学术主题，取得了"迄今最完备的以'川盐古道'为主题的学术成果"。

会后，自贡市盐业历史博物馆与西南交通大学出版社联合策划了"中国古代文化线路——川盐古道"丛书，分为《自贡古盐道》《川滇古盐道》《川黔古盐道》

《川鄂古盐道》等。这套丛书一个很大的特点是作者做了大量的田野调查和文献梳理工作，仔细考证了川盐古道各主要路段的路线分布，分类整理了与盐运活动相关的文化遗产，图文并茂，让读者既能感悟川盐古道厚重的历史，又能体验鲜活的田野现场，亲身去认识川盐古道的多维样貌。"中国古代文化线路——川盐古道"丛书是继自贡市盐业历史博物馆编著的《川盐文化圈图录——行走在川盐古道上》《川盐文化圈研究——川盐古道与区域发展学术研讨会论文集》后，系统研究川盐古道的最新学术成果，对于今后川盐古道的考察和研究而言具有极高的资料价值和学术价值。正是基于这样的重要价值，"中国古代文化线路——川盐古道"丛书先后入选2015年度教育部全国高校出版社主题出版项目、2015年度四川省重点出版规划项目、2016年度四川省文化产业发展专项资金项目。

回溯川盐运销的历史，我们发现川盐古道铺就了一条如同史诗般的盐文化传播走廊，留存的盐运文化遗产不仅"诉说"着曾经的历史，还对当下的社会经济发展和区域文化建设有现实层面的推动作用。我们真诚期望在今后的工作中，川盐古道沿线地区建立起协调机制，继续开展深度调查和综合研究，用文化线路的视野将其联合申报为全国重点文物保护单位，进一步加强文物保护力度，着力打造盐运文化景观，以协同推进川盐古道文化线路遗产的保护与利用。

是为序！

目 录

川盐入滇的历史 ... 001
- 川盐入滇的时间和地区 ... 001
- 川盐入滇东北情况
- 川盐入滇西北情况
- 川盐入滇的变化 ... 005
- 川盐入滇运销方式的变化
- 川盐入滇运销区的变化
- 川盐运滇数量的变化
- 市场上官盐与私盐份额的变化

川滇古盐道的形成及发展 ... 010
- 川滇古盐道 ... 010
- 川盐入滇东北古道
- 川盐入滇西北古道
- 川滇古盐道上的盐文化概况 ... 013
- 川滇古盐道与南方丝绸之路 ... 014

盐路遗址 ... 016
- 盐道 ... 016
- 宜宾市筠连县五尺道
- 凉山州冕宁县泸沽镇孙水关驿道

昭通市盐津县豆沙关古道
昭通市盐津县高桥村五尺道
昭通市大关县大关垴古道
昭通市大关县黄葛乡太平村马桑坪古道
昭通市会泽县娜姑镇蒙姑坡古道
曲靖市会泽县云峰村古驿道
曲靖市沾益区五尺道
曲靖市富源县胜境关古道
曲靖市宣威市杨柳乡可渡关古驿道
丽江市永胜县大安乡梓里村古道

033 桥梁

凉山州西昌市佑君古镇保城桥
曲靖市沾益区西平镇浑水塘村北九孔桥
曲靖市沾益区西平镇黑桥村旁黑桥
曲靖市沾益区太平桥
曲靖市沾益区城方桥
曲靖市沾益区牛栏江桥
曲靖市妥乐江桥
曲靖市富源县块泽河大桥
曲靖市富源县黄泥河镇抹阁桥
曲靖市宣威市杨柳乡可渡桥
丽江市束河古镇青龙桥

丽江市永胜县盟川桥

042 码头

宜宾市南广古镇码头
宜宾市筠连县腾达镇码头
昭通市永善县黄华乡黄坪码头

044 关隘、驿站

宜宾市筠连县五尺道上的隐豹关
宜宾市筠连县五尺道上的凌云关
凉山州冕宁县泸沽镇泸沽峡孙水关
凉山州喜德县登相营古驿站
曲靖市富源县胜境关
曲靖市沾益区炎方驿城遗址
曲靖市沾益区松林驿城遗址
曲靖市沾益区白水驿
曲靖市宣威市杨柳乡可渡关

055 碑刻

宜宾市南广古镇『盐单』石碑
凉山州盐源县平川镇骡马堡（禄马堡）『润盐古道』摩崖石刻
凉山州冕宁县泸沽镇孙水关摩崖石刻
昭通古城中的『孟孝琚碑』
昭通市盐津县豆沙关『唐袁滋题刻』
曲靖市『段氏与三十七部会盟碑』
曲靖市会泽县陕西会馆『关中众姓捐资修建三皇阁碑』

传统聚落

古街

凉山州盐源县卫城古镇老街
昭通古城老街
昭通市盐津县豆沙关镇老街
曲靖市宣威市杨柳乡可渡河岸摩崖石刻
曲靖市宣威市杨柳乡可渡观音堂「重修观音堂并暂驻亭碑」
曲靖市富源县滇疆黔界碑
曲靖市富源县块泽河桥头「悠久无疆碑」
曲靖市富源县块泽河大桥「中流砥柱碑」
曲靖市富源县胜境关「重建鄂文端公遗爱坊碑」
曲靖市富源县「胜境关大路碑」
曲靖市沾益区花山镇青龙寺「皇明诰授扬威将军功绩世系碑」
曲靖市沾益区大觉寺「一花堂增治常住碑」
曲靖市沾益区大觉寺「修建大觉庵碑」
曲靖市沾益区白水镇「重修新桥碑」
曲靖市沾益区白水镇「泉关碑」
曲靖市沾益区白水镇「重修文宫碑」
曲靖市富源县胜境关「鹦琴碑」
曲靖市沾益区西平镇黑桥村旁「建长虹桥碑」
曲靖市会泽县娜姑镇「捐资新修蒙姑坡桥路碑」

曲靖市会泽县娜姑镇白雾村古街
曲靖市沾益区盘江镇松林村古街
丽江古城老街（四方街）
丽江市束河古镇四方街

078 **古镇、古村**

丽江市永胜县三川镇
丽江市束河古镇
丽江古城
曲靖市沾益区盘江镇松林村
曲靖市会泽县娜姑镇白雾村
凉山州西昌市佑君古镇
凉山州西昌市礼州古镇
宜宾市南广古镇
丽江市永胜县大安乡梓里镇

089 **传统建筑**

089 **庙宇**

宜宾市筠连县腾达镇王爷庙
凉山州冕宁县泸沽镇孙水关潮音寺
凉山州喜德县登相营玉皇殿
凉山州西昌市礼州古镇文昌宫

凉山州西昌市礼州古镇西禅寺
凉山州西昌市佑君古镇城隍庙
凉山州盐源县卫城古镇南华宫、城隍庙
昭通古城中的庙宇建筑群
曲靖市文庙
曲靖市会泽县文庙
曲靖市会泽县娜姑镇白雾村的庙宇建筑群
曲靖市富源县文庙
曲靖市富源县胜境关石龙寺
曲靖市沾益区大觉寺
曲靖市沾益区青龙寺
曲靖市宣威市杨柳乡可渡旧城武庙
丽江古城文昌宫、净莲寺
丽江市束河古镇大觉宫

104 会馆
曲靖市会泽县会馆群
昭通市盐津县会馆群
昭通古城会馆群

112 祠堂
曲靖市会泽县容氏祠堂
昭通市卢氏家祠
昭通市龙氏家祠

114 宅邸、民居

凉山州西昌市礼州古镇唐家大院、杨跃华宅
曲靖市会泽县唐继尧故居
曲靖市会泽县唐氏民居
曲靖市会泽县张氏民居
曲靖市会泽县娜姑镇白雾村陈氏民居
曲靖市会泽县娜姑镇白雾村传统民居
曲靖市宣威市杨柳乡可渡关传统民居
凉山州盐源县卫城古镇传统民居
凉山州喜德县登相营传统民居
丽江市束河古镇纳西族民居
丽江古城纳西族民居

124 其他代表性建筑

凉山州盐源县卫城古镇钟楼
曲靖市会泽古城铜器作坊
丽江古城木氏土司府
丽江古城仁和昌商号
丽江古城科贡坊

131 非遗文化

131 船工号子

宜宾市南广河号子

132 饮食

凉山州西昌市礼州古镇的饮食
昭通古城的饮食
昭通市盐津县的饮食
曲靖市会泽县的饮食
曲靖市沾益区的饮食
曲靖市富源县的饮食
曲靖市宣威市的饮食
丽江古城的饮食
丽江市永胜县三川镇的饮食

143 诗赋、楹联

宜宾市筠连县腾达镇王爷庙楹联
凉山州西昌市礼州古镇诗赋、楹联
曲靖市会泽县会馆楹联
曲靖市富源县胜境关诗赋、楹联
曲靖市富源县块泽河桥头观音寺楹联
丽江古城楹联

153 会节

凉山州西昌市礼州古镇的会节
昭通古城的会节

昭通市盐津县的会节
曲靖市会泽县的会节
曲靖市沾益区的会节
曲靖市富源县的会节
丽江古城的会节
丽江市永胜县三川镇的会节

162 参考文献

165 后记

川盐入滇的历史

盐运道是中国古代的运盐通道，它既在中国盐业史上有着极其重要的影响，又对中国盐文化传播做出了重大贡献，同时在中国交通史上也具有特殊的地位。它将盐产地与盐市场有机地联系起来，将盐文化与传统文化、地方文化有机地衔接起来，并与其他重要商道时而重合、时而分离，共同构筑起了古代中国的交通网络和文化传播网络，促进了不同区域间商品、市场、文化的交流，为区域市场和盐文化圈的发展做出过重要贡献。与此同时，因为在这些通道上长期运销食盐，悠久的盐业历史和丰富的盐文化成为盐运道上最突出的历史特征。

由于川盐销滇通道在历史上就是南方丝绸之路的重要组成部分，因此，川盐入滇古道还是中国西南与外部世界通道的国内重要部分。盐运古道的繁荣无疑促进了南方丝绸之路国内段的发展，为其长时期的畅通与繁荣做出了重要贡献。从这个意义上讲，川盐入滇古道无疑需要引起我们足够的重视。

川盐入滇的时间和地区

云南产盐的历史源头最迟应当不晚于汉代，《汉书·地理志》记载："益州郡，连然有盐官。"经唐、宋、元、明一直到清前期，云南的盐井一直集中分布在滇中、滇西一线，直到清后期滇南才相继有大井开发，最终形成了滇中、滇西、滇南三足鼎立的局面。即使到民国时期，三大产盐格局仍然没有太大变化，滇盐产地的分布仍不均衡，东北部、西北部、东南部和广大的边境地区几乎没有盐井。加之云南交通运输困难，上述地区缺盐情况极为普遍。为了解决云南部分地区食盐供应不足的难题，利用地理上的近便优势，"借销邻盐"（主要包括借销川盐、沙盐和粤盐）成了重要举措。其中，又以"借销川盐"最有代表性。

进入云南的四川食盐，其产地主要是今凉山州盐源黑白盐井、乐山市犍乐场、自贡市富荣场、芒康县（明清至民国初期属四川巴塘）沙盐井。川盐入滇在时间上当以明清及民国为主，销区则为靠近这些盐产地的川滇交界的云南东北部、西北部边境地区，主要有昭通、东川，迪庆德钦、中甸，丽江北部的宁蒗和华坪等地。

川盐入滇东北情况

有史记载的川盐入滇东北始于明朝。洪武十五年（1382年），因南征乌蒙、东川等部的军粮不足，朝廷于云南等地推行纳米给盐之制以补给军需，如《明太祖实录》记载："凡云南纳米六斗者给淮盐二百斤，米五斗者给浙盐二百斤，米一石者给川盐二百斤。普安纳米六斗者给淮浙盐二百斤，米二石五斗者给川盐二百斤。普定纳米五斗者给淮盐二百斤，米四斗者给浙盐二百斤，川盐如普安之例。乌撒纳米二斗者给淮浙盐皆二百斤，川盐亦如普安之例。"商人运米愈多，就能领到离云南越近的盐场的盐，这就方便商人就近运米取盐销售。洪武十六年（1383年）乌蒙改隶四川布政使司，十七年（1384年）东川改隶四川布政使司，是为食川盐之始。洪武十七年（1384年）朝廷规定了乌蒙等处缴纳赋税的数量以及纳贡的内容，以贡马易盐是纳贡的重要内容之一，《明史》卷三百一十一《四川土司一》记载："又定茶盐布匹易马之数，乌撒岁易马六千五百匹，乌蒙、东川、芒部皆四千匹。凡马一匹，给布三十匹，或茶一百斤，盐如之。"乌撒、乌蒙、东川、芒部包括了今东川和昭通的大部分地区，这些地区贡马一匹可换回盐一百斤。这是明朝昭通和东川地区食川盐最明确的一条记载。

清代，滇东北食川盐的规模较大。据《清盐法志》卷二百七十七《云南四·运销门一·官运官销》记载，乾隆三年（1738年）云贵总督张允随奏疏言"东川一府隶四川，宣威原系土州，两处均食川盐"。又记载："乾隆十六年，覆准昭通、东川二府，逼近金沙开运京铜，系新辟苗疆，驮脚裹足不前，必须驮回川盐接济，应将南宁等处原食川盐二百四十余万斤留为昭东二郡行销，其南宁等处食盐仍饬领销滇盐。"

民国建立后，地方政府着力于盐政的改革，云南盐业生产得到恢复和发展。云南一些在清代曾借销川盐的地方改买滇盐，但东川、昭通及其所辖各县仍买食川盐，并对运销云南之川盐加征盐税。民国初年，地方政府在川盐进入云南的盐井渡、牛街等边境地区设立关卡，《续云南通志长编》卷五十八《盐务三·征榷》记载："向来东川、昭通、镇雄一带，借销川盐，由本省于川盐入境各处设立局卡，抽收厘税，按每川盐百斤征收厘银三元。民国初，此项厘金由国税厅筹备处交还滇盐务机关主管督征。"紧接着，《续云南通志长编》又记载："迨至七年靖国军兴，滇省自主，川盐厘金始行规复，由财政厅主办委员征解，交厅核收。其税率由七年起至九年十月止，规定每百斤征收二元，九年十一月起至十五年一月止，加征一元，每百斤三元。十五年二月起加征一元，为每百斤四元。"民国18年（1929年），云南将对川盐征收的厘金改称为川盐捐。《续云南通志长编》卷五十八记载："至二十年一月消费税成立，将川盐捐取消，并入消费税局办理，照旧税八折征收。"即按照以前的80%征收，亦即每100斤川盐征税3.2元。

抗日战争爆发后，云南成为抗战大后方，云南所产食盐不能满足庞大人口的需求，为此，云南省财政厅派人到四川协商，并组织滇东食盐运销公司赴川购买食盐。《续云南通志长编》卷五十七记载："三十三年将盐局裁撤，始行停运。仍由盐管局招商，向川康局宜宾支局每月领运额盐九千八百担，到岸核价销售。"

川盐入滇西北情况

川盐销丽江情况

丽江的华坪、宁蒗两地，历史上曾经食用过四川盐源生产的井盐。从史料记载来看，唐初，南诏、吐蕃和唐王朝三方曾争夺盐源，《新唐书》卷二百二十二上《南诏上》记载："异牟寻攻吐蕃，复取昆明城以食盐池。"这是云南最早食用盐源盐的记载。而当时华坪就食用盐源盐，《华坪县志》记载："唐时，相邻的盐源县盛产食盐，华坪早期食盐即从盐源运入。"

据《丽江府志略》上卷《财用略·盐法》记载，明清虽然丽江有盐井产盐，但它主要是"入府境行销"，而华坪、宁蒗不包括在内。那么这两个地区的食盐从哪里来？显然是从盐源来。清至民国时期，因华坪邻近的楚雄、盐丰两地盐产渐丰，华坪也渐食滇盐。据《华坪县志》记载，民国时期从大姚、盐丰两地每年调入"食盐300余担"。即使有滇盐运入华坪，但显然是不够的，《续云南通志长编》卷五十七记载："盐边（位于凉山州西部）、华坪等多销川盐。"

宁蒗地区明清时期为土府管辖，处在云南通往康藏和笮地的交通要道上。据《四川井盐史论丛》记载，明清时期就有宁蒗地区的人到盐源盐场做工，"两处盐场做工的，除了汉族外，还有许多些族"，"么些族"即今天泸沽湖畔的摩梭人，而《盐源县志》记载生产盐源筒盐的筒筒锅，其"铸锅技术为摩梭人独有"。这无疑为宁蒗地区食用盐源盐提供了便利。此外，《盐源县志》还记载，盐源还有一些如"金河边、卫城乡罗家村、盐井镇小盐井、黄草乡岔丘、黑盐井附近的盐水坪、石龙井、博大井、辣子乡"等小盐井，其中的黄草乡岔丘、黑盐井附近的盐水坪、石龙井、博大井、辣子乡小盐井皆靠近宁蒗地区。这些小盐井多由当地世居居民煎食，他们为了换取自己需要的物品，极可能会以食盐与邻近的宁蒗地区人们的物品进行交换。

川藏砂盐销维西、中甸情况

维西和中甸两县地处滇西北，最初清政府将这两个地区划归为喇鸡井盐和丽江井盐的销区。但是，由于喇鸡井和丽江井两井之盐向上述两地运输路线较长，特别是冬天运输更为困难，故而当地居民长期形成了私下买食川藏砂盐的传统，《续云南通志长编》卷五十七也记载："其地接壤川藏，遂为川藏砂盐所充斥。"这里的砂盐，即芒康盐井镇所产红白两种不同颜色的盐，其主要产地在今纳西族民族乡和曲孜卡乡两乡境内的澜沧江两岸，《巴塘盐井乡土志》记载："计东岸产盐曰蒲丁、曰牙喀，西岸一区曰加打。东岸盐质净白，西岸盐质微红，故滇边谓之为桃花盐，较白盐尤易运销，以助茶色也。"

由于砂盐产盐方式传统、效率较低，产量一直有限，所以运销的地区也较小，据《中国盐业史》（地方编）记载其主要销区在"滇西北、巴塘、芒康、察瓦龙一带"。中甸、维西两地遂逐渐成为川藏砂盐的销区。政府鉴于难以禁止，在砂盐进入云南必经的阿墩子（今迪庆藏族自治州德钦县）设立关卡。《新纂云南通志》卷一百四十九记载："由维西通判设税抽收，每盐一百筒重一百斤，抽收盐税一筒，重一斤。"又记载，嘉庆二十五年（1820年），"核定每年征解盐税银二十五两三钱"。同治十二年（1873年）八月，砂盐盐税再次交由地方官征收，规定每一百斤砂盐征收盐厘四钱，"年解税银五十四两"。《新纂云南通志》卷一百五十二记载：光绪三十二年（1906年）四月，"据署丽江府彭继志电章，将此盐税提归善后，每驮亦照川例征银六钱，名曰善后经费，饬阿墩弹压委员经收，由厅出票，每年约可收银二千两内外"。又据《新纂云南通志》卷一百四十九记载：宣统年间（1909—1911年），"加征为一两"，即政府将砂盐盐厘由原来的每一百斤征银四钱提高到一两。

民国建立后，砂盐继续运销中甸、维西两地，与兰坪所产的喇鸡盐形成了争夺上述两地销区的局面。与喇鸡盐相比，砂盐因距中甸、维西较近，在运费和价格方面相对占优势，而且这些地区的人们已经习惯了食用砂盐。此外，砂盐中的红盐不仅可以预防牛羊生病，使牲畜长膘，而且做酥油茶时可以提高酥油茶的茶色，故而很受当地人的欢迎。鉴于上述客观现状，云南方面被迫准许砂盐继续运销中甸、维西。据《民国云南盐业档案史料》记载，最后划定两盐井销区的界限为"砂盐行销地面中甸以桥头为界，维西以奔子栏、叶枝为界"。到1957年上述两地才全部改为销售滇盐。

川盐入滇的变化

川盐销滇，既由于云南产盐不足，无法满足部分边地之故，也有地缘关系和历史传承的影响。因此，从历史上看，基于政府政策方面的调整、区划的变动以及滇盐自身的产量变化等原因，川盐销滇时有变化。

川盐入滇运销方式的变化

自明朝至民国时期，川盐运销云南的方式多有变化。洪武十五年（1382年），以"开中法"（即以米易盐引的方式）运川盐销滇。洪武十七年（1384年），又以朝贡贸易的形式，以马易盐，一马得盐百斤。

清代，将滇东北昭通府、镇雄州、东川府等处归为边岸，由四川省从盐场或商运或官运至川滇交界处的川盐入滇口岸征税后，转由云南的商人运销滇东北川盐销区。在四川境内，入滇川盐具体由川滇交界处县市的商人行运。《清盐法志》卷二百四十九记载："犍商吴国歧等，仍由长宁、高、珙、筠、屏五县运至川滇交界镇雄之属落垓塘、罗坎关，昭通属之水塮塘、副官村等处；富商王命文等运至永宁口岸各设堆贮等。"进入以上各关口后，由云南省内的天顺成、裕丰元、大生公等商号领运到大关、永善等处销售，由恩受长、济美和等商号领运盐井渡的盐到今盐津等处销售，由德顺昌、云顺德、裕通亨、縢昌元、三益和、庆森隆等商号领运到昭通等处销售。上述商号前期必须纳税取得引票，才能获得运销食盐的资格。

在云南境内也有官运的。如乾隆六年至乾隆十九年（1741—1754年），镇雄有一部分食盐的运销先由富顺场的盐商运至永宁口岸，接着由运东川京铜来的驮马商运至东川后，再官运至镇雄运销。又据《清盐法志》卷二百五十记载，光绪四年（1878年），"奏准开办滇边官运"。

民国初期，川盐入滇多为商运商销。在1941年至1944年抗战的关键时期，云南方面为解决大后方食盐供应问题，派官员到四川采买川盐，重回官运官销的运销方式。抗战胜利后，川盐销滇又转为商人自由运销。

川盐入滇运销区的变化

从历史上看，川盐销滇西北销区总体比较稳定。相比之下，清至民国时期，川盐销滇东北区域却时有变化。

清代滇东北最早食川盐的当属镇雄，《清盐法志》卷二百四十五记载："康熙五十五年覆准，镇雄九姓两土司向无额引，今增陆引一百，纳税行盐。"雍正四年（1726年）东川重归云南，雍正六年（1728年）昭通重隶云南。然而，据《新纂云南通志》卷一百四十九记载，由于"滇产井盐初不敷销，清雍正七年，庆福奏定昭通、镇雄二府、州改食川盐"。这是清代官方允许川盐入滇之始。也就是说，川盐在雍正年间只能在滇东北的昭通和镇雄一带行销。

乾隆三年（1738年）云贵总督张允随奏疏，"将东川等处原食滇盐，添拨食盐不敷之别州县行销"，可以推断出东川于雍正四年（1726年）改隶云南后开始食滇盐。但是，东川食滇盐的时间不长，东川因为开采铜矿，人口激增，滇盐满足不了需求。与此同时，宣威府因在雍正四年（1726年）改土归流后，商贾往来增多，滇盐也供不应求，因此，乾隆三年（1738年）云贵总督张允随上奏，请以犍为县产的盐来济销东川府和宣威州。

随后，又考虑到与两处相邻的南宁、沾益、平彝三州因盐不足，出现购买原销东川、宣威川盐的现象，导致东川、宣威食盐依旧不足，所以决定将南宁、沾益、平彝也纳入川盐运销范围内。《续云南通志长编》卷五十七记载，乾隆四十五年（1780年），四川巡抚文绶奏："滇省自雍正七年至乾隆三年，先后奏定，令东川、昭通、镇雄、宣威、沾益（今曲靖市沾益区）、平彝（今富源县）、南宁（今曲靖市）等局改食川盐。"《清盐法志》卷二百四十六也记载，乾隆十六年（1751年），因云南新开安丰等井，滇盐产量有较大增加，加之为吸引东川运送京铜的驮马回头，云南巡抚爱必达奏请："将南宁等处原食川盐二百四十余万斤留为昭东二郡行销，其南宁等处仍饬领销滇盐"，即宣威、南宁、沾益、平彝四处仍食滇盐。又据道光《云南通志稿》卷七十二记载，乾隆二十八、二十九两年（1763、1764年），东川、昭通两地食盐不敷民食，加增川盐1 642 200余斤。此后，据《新纂云南通志》卷一百四十九记载："迄至清末，惟昭、东二府属食川盐矣。"《续云南通志长编》卷五十七亦记载："民国光复，滇盐大加改革，煎溢于销，宣威各属已食滇盐，其食川盐者仅东川、昭通以下各县。"川盐销滇销区无疑有了较大收缩。

民国时期，昭通、东川等处部分地区仍有川盐流通。《续云南通志长编》卷五十七记载："昭通、鲁甸等十一县即所谓滇东岸，向销川盐。最近部令以滇盐济销。"然而，因云南滇中盐场的黑盐产量下降，滇东销岸食盐短缺，于是"川盐渐充销"。1925年之后，川盐"不仅侵入曲靖各县，即省市也有运销者"。此时川盐运销的区域无疑比清末有了一定的扩大。

川盐运滇数量的变化

川盐运滇的历史虽然悠久，但所运数量直到清代才比较明确。从地域上来看，只有滇东北地区保存了相对完整的数据。滇西北地区因为无盐局管理，多是小商贩零散地运销或者盐民以物易物的小额售卖，故而无法准确计数。

明代入滇川盐的数额没有准数，据《明史》卷三百一十一记载：乌撒每年易马6 500匹，乌蒙、东川、芒部各易4 000匹，马1匹，给布30匹，或茶100斤，或盐100斤。如果乌撒、乌蒙、东川、芒部一年总共纳贡的18 500匹马都换盐了，那一年可换盐185万斤。但事实上，以马换布或茶的情形肯定是有的，再加上每年贡马的匹数可能都有变化，所以明代入滇川盐的数量无法确知。

清代，川盐入滇各项数据保留较为完整。现据《清盐法志》卷二百四十五、《续云南通志长编》卷五十七统计如表1：

表1 清代入滇川盐引额表

时间	盐产地	陆引（引/担）	水引（引/担）	备注
康熙五十五年（1716年）		100引		新增引额，销往镇雄、九姓两土司
雍正九年（1731年）		1 156引	120引	新增引额，销往川沿边州县各土司及滇黔边
乾隆二十三年（1758年）		9 597引		乾隆二十三年前每年入滇川盐陆引定额
乾隆二十八年（1763年）	犍为县	650引		新增引额，销滇
乾隆三十年（1765年）	犍为县	1 800引		新增引额，销滇
乾隆三十二年（1767年）	犍为县	1 600引		新增引额，销滇
乾隆三十六年（1771年）	犍为县	1 919引		新增引额，长寿县边商运销长寿县和滇省
乾隆三十六年（1771年）	犍为县	1 250引		新增引额，由屏、珙、兴等县转运川滇交界接济
乾隆四十六年（1781年）	犍为县	1 800引		新增引额，销滇
乾隆六十年（1795年）	犍为县	3 300引		新增引额，转运滇边行销
嘉庆元年至四年（1796—1799年）	犍为县	2 100引		新增引额，销滇
嘉庆十年（1805年）	犍为县	2 600引		新增引额，滇商配运原岸行销
光绪五年（1879年）		24 000余担		年总水陆引额，销滇岸及近滇之宜宾十二厅、州、县
光绪十七年（1891年）		25 154引	10 675引	年总引额，此为光绪十七年奏销册中销滇岸的总引额数

从表 1 来看，清代入滇川盐的引额呈逐年增加趋势：乾隆二十三年（1758年）之前每年的陆引额是 9 597 引，到光绪十七年（1891 年）陆引额已达到每年 25 154 引。虽然每年的引额会受厂产以及运输、销售等实际情况的影响而有所变动，但上述数据仍然能给我们呈现出川盐入滇东北的总体盛况。

市场上官盐与私盐份额的变化

从历史上来看，川盐销滇过程中的私盐在清代前中期为数尚不多，对官盐的影响也不大。然而，近代以后，销滇川盐中的私盐在云南市场所占数额愈来愈大，甚至超过了官盐。据刘云明《清代云南市场研究》统计，宣统年间，云南边地每年所销售的川盐为 12 577 000 斤，减去官府规定借销的 2 400 000 斤，走私之盐已达 10 177 000 斤。也就是说，清末流通于云南的川产私盐已经抢占了大部分销盐市场。又据《续云南通志长编》卷五十七记载，即使到了民国 16、17 年（1927、1928 年），曲靖及其所辖各县市的市场上仍有不少川盐出售，甚至连省城昆明也有川盐的踪迹。而上述地方当时本属于滇盐的法定销区，足见川盐对云南部分销区的影响。

川滇古盐道的形成及发展

川盐入滇古道历史悠久，内涵丰富，它不仅仅是连通川、滇两省的盐运道，还与闻名中外的京铜运道、茶马古道和南方丝绸之路多有交集，可以说是复合型的古道，很值得我们重新发掘和宣传。

川滇古盐道

川盐入滇东北古道

从历史上看，川盐入滇东北古道主要有三条。

第一条是自秦就已经开凿，经过后世不断修整而成的石门道（秦汉时期称五尺道，隋唐时期称石门道，元明清为官驿道）。据《四川省志·盐业志》《清盐法志》《大关县志》《昭通旧志汇编》《巧家县志》记载，经过此道，运销云南的川盐从乐山市五通桥装船下水，顺岷江下至宜宾（或由富顺场沿釜溪河、沱江顺流而下至泸州，溯长江至宜宾），由宜宾沿金沙江逆行西进，经过宜宾的柏树溪到安边场，入关河（古称朱提河）经宜宾的横江、张窝和水富的庙子溪、两碗溪到盐津的滩头汛（今滩头乡）、普洱渡后到达老鸦滩（今盐井渡），后卸船走陆路。陆路则由盐井渡经豆沙关进入大关。在大关境内经吉利、寿山、黄葛等乡镇到大关县治所所在地翠华镇后，过玉碗出水村，最后进入昭通。川盐到了昭通后，再由昭通分别转运到鲁甸、巧家、会泽、东川等处销售：由昭通出西城到土洞洞（在今昭通昭阳区永丰镇内），再西行四十里至鲁甸；由鲁甸县城出发，经沙坝西南行至牛栏江，跨天生桥进入巧家境内的包谷垴，再西南行经座脚、荞麦地、将军垭口、水塘、旧营、巧家营到达巧家县城；由鲁甸的桃源、江底进入会泽的迤车汛（今会泽迤车镇），过红石岩（会泽五星乡红石岩村）到达会泽县城（明清时为东川府治）；由昭通出南城走六十里到贵州威宁的凉水井（今威宁中水镇境内），过得胜坡（古为黔滇商业和军事重镇）、威宁县城、金斗铺入宣威境内，经倘塘（为南丝绸之路上的重要古驿站）最后到达宣威县城。清代此道被称为川盐入滇的"大滇边"。

第二条是沿金沙江的水道（即沿金沙江的东川铜运道）。据《永善县志》《清盐法志》记载，为了京铜运输方便，乾隆五年（1740年），政府开始疏浚从东川小江口到宜宾的金沙江运道，乾隆九年（1744年）基本疏通。但鉴于小江口至滥田坝金沙江航道多有险滩，经常发生运铜船沉没事件，于是决定放弃这一段的金沙江水运，改由永善黄草坪（今永善黄坪）开始行水运（即由鲁甸陆运至黄草坪上船），转运泸州。而东川铜运马帮运回的川盐就是从泸州装船起运带回的。此条铜运路线在乾隆年间一直很繁荣，到嘉庆初年因铜产下降而日渐衰弱，咸丰九年至同治十三年（1859—1874年）东川铜停产，铜运也告中断。民国以后，此水道重现昔日辉煌，从黄草坪到宜宾的金沙江水道一直是水富、绥江、永善运销川盐的重要通道。清代此道又被称为"小滇边"。

第三条也称"小滇边"，它跨高县、庆符县、珙县入威信、镇雄。据《东川市志》《清盐法志》《威信县志》《镇雄县志》记载，这是另一条东川铜运道——经寻甸、曲靖，进入贵州威宁，再到宜宾、泸州。这条古道从南广岸上船（今宜宾市翠屏区南广镇），溯南广河经上洞、泺口到高县的大窝、来复渡（在今来复镇）、庆符县（今庆符镇）、高县（今高县文江镇）、嘉乐场（今高县嘉乐镇）后入珙县的十里坪寨、罗星渡（在今珙县罗渡苗乡）。在罗星渡下船转走陆路，经洛表镇过王家镇的三岔河入镇雄府境。在镇雄府境内（今威信境内）南下经麟凤乡的黄水河、斑鸠沟进入今镇雄县境，再经雨河（今镇雄雨河）、黑泥孔、六井（在今镇雄木卓乡内）、芒部、刷布岭（在今镇雄芒部内）、板桥，最后到达镇雄州府。

川盐入滇西北古道

川盐入维西、中甸古道

历史时期，滇西北的川盐入滇古道主要是由滇西北进藏的古驿道，即今天所说的茶马古道的西线。据《芒康县志》《德钦县志》记载，这条古道可以分为两段：一条是由盐井镇到阿墩子段的路线，即由芒康盐井镇（即今纳西民族乡）沿澜沧江河谷"经紫绒沟、碧油工入云南界；再经八美、拉波、阿东至德钦县（即阿墩子）"，即沿澜沧江河谷过今德钦佛山乡必用功村、巴美纳西族村寨、纳古村、江波村，到溜筒江村，过溜筒江竹索桥后进入德钦县治所所在地阿墩子。此段路计程约100千米。另一条是由德钦到中甸的一段,由阿墩子东北行到阿东村,翻越白芒雪山后到奔子栏镇境内的书松村,再到奔子栏镇与中甸隔金沙江相望的格浪水村,然后坐小木船过奔子栏渡口,再沿中甸界东南行进入中甸的尼西裂谷(此为茶马古道必经之地),后继续向东南行进,最后到达中甸县治所所在地。

川盐入丽江北部古道

自元代起丽江北部就设立了永北州(府或直隶厅),辖今天的华坪、宁蒗、永胜地区。其辖区与盐源相邻,与盐源同是南方丝绸之路上的重要驿站。从永北地区到盐源的川盐入滇道路是历史上南方丝绸之路润盐古道段西路,据《盐源县志》《华坪县志》记载,它主要有两条主干道:一条是从永北治所(即今永胜县)北行,先后经战河台卡(在今宁蒗战河镇)、倮罗关台卡(今宁蒗罗洛关垭口)、新营盘乡、烂泥箐乡的牦牛坪,再进入辣子沟台卡(在今盐源盐塘乡腊子沟村),到盐源黑盐井区,继续向东北经黄草镇、梅雨镇可达白盐井(今盐源县治盐井镇)。在这条古道上,新营盘镇是其中的一个重要马站。另一条则从华坪县治所所在地出发,往北经过梭罗(今华坪中心镇梭罗村)、灰窝(今华坪船房傈僳族傣族乡的灰窝)、华荣(船房华荣村)进入盐源(即盐边,民国以前属于盐源)。在这条道上,华荣因往来商贸频繁日渐形成繁华的集市。

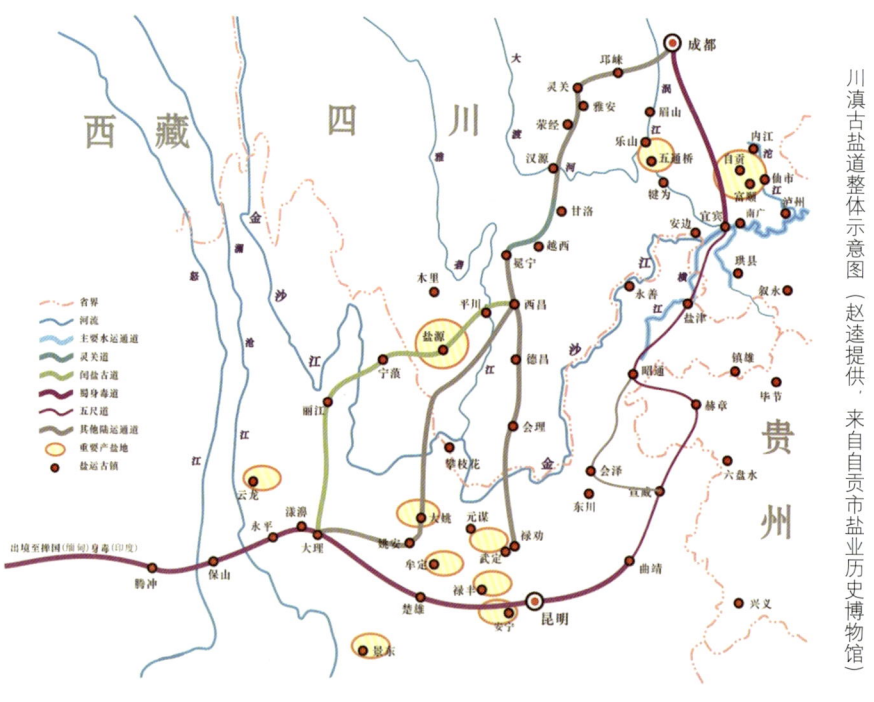

川滇古盐道整体示意图(赵逵提供,来自贡市盐业历史博物馆)

川滇古盐道上的盐文化概况

悠久的川盐销滇历史，曾经繁华一时的川滇古盐道，无疑使原本著名的西南古商道更加增添了丰富多彩的盐文化内涵。具体来讲，川滇古盐道上的盐文化内容极其丰富，尤其在以下三个方面极富特色。

一是较为独特的水上运盐工具。川盐入滇时有三种水上运输工具值得关注：一种是穿梭在釜溪河上的歪屁股船，据何国涛《自贡运盐河道与歪屁股船》介绍，歪屁股船"船头向左方偏歪，船尾向右方偏歪，形成船头船尾方向的小倾斜"，它适应了釜溪河多河弯和浅滩的自然条件，大大减少了盐运事故。另一种是滇西北地区的牛皮船，如通藏咽喉奔子栏渡口的牛皮船，以滇西北地区的牦牛皮制作，不但做工简易，而且有灵活、防水、耐用等优点。第三种是溜索。鉴于滇西北河流虽多，但山高谷深、水流湍急，建桥和渡船皆有困难，当地人便利用地势发明了溜索这一独特的运输工具（如进藏的必经之地德钦溜筒江渡口，在1946年以前完全是靠竹索进行运输，盐井镇的砂盐就是通过这种方式被运到德钦和中甸的）。

二是盐运道及其沿途古遗址。在川盐入滇的大滇边古道上，至今仍能看到豆沙关古道、大关垴古道、马桑坪古道、可渡古道、炎松古道等遗址。豆沙关古道遗址在盐津豆沙关，有唐贞元十年（794年）御史中丞袁滋出使南诏册封异牟寻时在此题刻的摩崖石刻；大关垴古道遗址和马桑坪古道遗址分别在大关寿山和黄葛两处川盐入滇的重要驿站上，前者在关河上有一座通四川的古石桥，后者有秦朝开凿五尺道时留下的石阶路；可渡古道遗址在宣威杨柳乡可渡村一带，古称"滇黔锁匙"，是川滇驿道的要塞，现存可渡关、可渡石桥、可渡炮台等历史遗址；炎松古道遗址在沾益西平镇的九龙山上，古称"滇东旱码头"，是前往省城的重要入口。在川盐入滇的小滇边道上，也有两个重要的中转站：一个是金沙江畔的黄草坪（今永善黄坪）。这是滇铜改运水路、川盐改运陆路的重要码头。沿此码头溯金沙江上至石匠房（在今会泽娜姑），有一段乾隆年间由巧家乡绅刘汉鼎捐资开凿的石栈，人称"云南最古老的隧道"，这是东川铜外运和川盐入东川府的必经之道。另一个是溯南广河而上的罗星渡，这也是滇铜改运水路、川盐改运陆路的重要码头。

三是盐味浓郁的民谚、民俗。滇东北地区食盐多从四川运入，路途遥远，交通不便，食盐获得十分不易，故有谚语说"云南多山昭通府，盐巴放在碗头杵，有钱人得杵三杵，无钱人没得杵"（为方便运输和储存，运销滇东北的食盐多为四川巴盐，食用时需要把盐坨用杵杵碎）。由于陆地运盐多依赖马驮，据《威信县志》记载，在镇雄府还流行这样的民谣："枣骝马儿点点红，上驮盐下驮铜；马儿死在罗星渡，背起鞍鞍转镇雄。"这则谚语既反映了川盐入镇雄的不易，又反映了清代马帮运铜出滇，返回时顺带运输川盐的历史。此外，在滇西北地区还有一些与生活相关的盐文化。由于芒康盐井镇所产红盐既能满足人对食盐的需求，同时对牲畜也有特别的功效，可使牲畜变得更健壮、不生病、不长虱子，故而滇西北德钦、中甸等地的藏族人打酥油茶时多用红盐，以提升酥油茶的茶色和香味，还形成了给牲畜定期喂红盐的习俗。

川滇古盐道与南方丝绸之路

川滇古盐道与川黔古盐道、川鄂古盐道、川湘古盐道一起，共同构成了四川境外的川盐古运道。这些古商道，既是川盐古道的重要组成部分，也是四川境内川盐古道的重要延伸。与川盐销省外的其他几条古道相比，川滇古盐道与南方丝绸之路和川滇藏茶马古道以及东川滇铜运京古道多有重合，丝、盐、茶、马、铜在同一古道上相汇，无疑会演绎出一部部丰富多彩的多元文化交流史。而南方丝绸之路是一条中国西南通向东南亚、南亚的国际大通道，有着极其重要的历史贡献和现实启示。

众所周知，西南地区经云南腹地很早就有通往东南亚、南亚的交通线。据《史记》记载：西汉元狩元年（前122年），张骞在出使大夏时见到了从身毒国（古印度）转运出去的蜀布、邛竹杖。据李俊《西南丝绸之路与云南贝币的流通》考证，这条通道起始于成都，"其主干道分东西二路，西路（即古旄牛道）从成都出发，经雅安、西昌，渡金沙江入滇，经大姚到大理；东路亦从成都出发，沿岷江而下，经乐山、宜宾，沿秦修五尺道南行，入滇后经昭通、曲靖、昆明、楚雄到达大理，东西二线在大理汇合后，经保山、腾冲到达缅甸，再西行至印度"，并称之为"南方丝绸之路"。与前面考察的川盐运道相比，南方丝绸之路由川入滇段多与川滇古盐道重合，因此，把川滇古盐道上升为南方丝绸之路的一部分，符合历史事实。

从南方丝绸之路的发展史来看，该通道上流通的不仅仅有丝绸，还有蜀布、茶叶、食盐等重要商品。南方丝绸之路的提出，无非是认同了德国地理学家费迪南德·冯·李希霍芬在19世纪后期提出的"丝绸之路"和日本学者三杉隆敏在1967年提出的"海上丝绸之路"概念。换言之，学者们之所以认同"丝绸之路"的提法，是看到了"丝绸之路"这一概念的包容性，它其实是一条复合型之路，食盐运销和贸易无疑是这一古道上的重要特色。

盐路遗址

盐 道

宜宾市筠连县五尺道

五尺道又称"滇僰古道",是连接云南与内地最古老的官道。秦时修建,从蜀南下经僰道(今四川宜宾)、朱提(今云南昭通)到滇池,由于道路宽仅五尺,故史称"五尺道"。

筠连县位于宜宾市南端,紧挨云南省,是古时五尺道的必经之路。据《新唐书·地理志》记载:"秦常頞之开五尺道,汉唐蒙之通南中,唐始称石门路,自今四川宜宾南行,经庆符、筠连,入云南之盐津、大关、昭通,以至曲靖。"筠连境内的五尺道大概分为两路,一路是修建于秦汉的南夷道,又名八亭道,从宜宾(叙府)南岸南行,沿符黑水(南广河)逆水而上,经筠连境至云南镇雄入滇,再至贵州毕节。此路在筠连县境内经平寨至大雪山棉布埂,崎岖陡险,包含水陆线道,全长约60千米。由于长年不用和人们生产生活活动损毁,至今仅剩平寨"王爷庙"和镇舟"福寿桥"几处建筑;二是筠连"五尺道",修建于秦,以宜宾潼关为起点,经筠连境内入云南盐津至昆明,最后可以到达缅甸。此段在筠连县境内长约20千米,道路崎岖蜿蜒。

筠连塘坝古镇是五尺道上的一颗璀璨明珠。2010年4月,由国家博物馆、四川省文物考古研究院、中央电视台联合组织的"五尺道"综合考古调查结果证实,起于四川宜宾、终于云南曲靖的"五尺道",曾经从塘坝古镇经过。塘坝丰乐老街是过去跨越川滇两省的必经之路,川滇两省的分界线就在这条老街上。如今这条曾经的盐运道和茶马古道仍然保持着古色古香的面貌,赶场的时候,南来北往的人非常多,街道两侧是卖各种土特产的小店和琳琅满目的商品。除了丰乐老街,塘坝乡还有一些曾经的五尺道散落在居民们的屋前屋后,或者是田地边上,这些见证了无数马帮贸易的五尺道大部分已经损毁了，但是剩下的五尺道仍然在使用着，已经融入了当地人民的日常生活中。在筠连，马帮并没有随着时间的流逝而消失，很多村里面依然有马帮的存在，他们沿着曾经的五尺道，踩着青石板上的马蹄印，延续着马帮人的精神，给边远山区和不通公路的人家运送食盐和其他较为笨重的大宗物品。

犀牛村五尺道是筠连保存较长的古代盐运道和茶马古道之一，其修于明代，南北走向，从凌云关隘沿山而下，经犀牛村进入莲花坝大道到筠连县城，均由石灰岩石板砌成，今天还保存有长约1.3千米、宽约1米至2.5米的古道。因其位于筠连镇犀牛村，故被称为"犀牛村五尺道"。

2010年5月底，在川滇交界的筠连县武德乡"幺店子"一带，又一处古色古香、长约200多米的秦"五尺道"被发现了。其中保存较为完好的一段长约50多米，由石灰岩石板铺就而成，宽为1.6米，为标准的秦五尺道宽度，路面整齐，损伤较小，历经沧桑岁月的洗礼后，仍然坚固如初，且能清晰地看见曾经骡马和人行走后留下的痕迹。20世纪三四十年代，这里仍然有马店四五十家，马帮、挑帮经常在这条古道上来往，商贸十分繁荣。

2012年初，筠连县将"筠连五尺道"列入筠连文化名片之列，与原有的"筠商""玉壶井""苗族大唢呐""苦丁茶"合称为"筠连五大名片"。

犀牛村段五尺道（图片来自自贡市盐业历史博物馆）

筠连至巡司段五尺道（图片来自自贡市盐业历史博物馆）

凉山州冕宁县泸沽镇孙水关驿道

据《冕宁县志》记载，建南大道为冕宁地区最为古老的驿道，西汉称零关道，东汉称牦牛道，唐末称清溪关道，是四川成都通往云南的西干道，也是宁远府（今西昌）对外的唯一大道，而孙水关驿道便是其中最重要的一段。

今天，孙水河对面的山麓中依稀可见一条羊肠小道，这便是孙水关古驿道遗留下来的小路痕迹，当年的商队、马帮负载着盐巴、布帛、茶叶等货物往返于这条小道上。随着近代公路的修建和交通方式的改进，古运道已经失去了往日的繁荣，但我们依然能从青石板上残留的马蹄印感受到当时古道上商旅南来北往的热闹景象。

孙水关驿道遗址（图片来自自贡市盐业历史博物馆）

昭通市盐津县豆沙关古道

豆沙关，古称"石门关"，位于盐津县城西南22千米处，是古时由蜀入滇的第一道险关，为秦、汉"五尺道"的要隘之地。唐朝天宝年间战争爆发后，南诏叛唐，关闭了石门关。直到袁滋受命赴南诏册封异牟寻，才重新打开了石门关。豆沙关处在五尺道的咽喉位置，在古代，关内为中原地界，关外则为蛮夷之地。豆沙关古道现存长约350米，宽1.7米左右，是迄今秦五尺道上保留最长、最完好、马蹄印迹最多的古驿道。豆沙关还有著名的唐袁滋摩崖、"僰人悬棺"等文物遗存。唐贞元十年（794年），御史中丞袁滋奉命赴滇册封异牟寻为南诏王时途经石门关，为纪其行，特摩崖题纪，称为"袁滋题刻"，是西南边疆文献中不可多得的实物资料，现为国家重点文物保护单位。豆沙关区位突出，地形特殊，僰道、五尺道、南夷道、石门道、南方丝绸之路在此交叉重叠，古老的关河水路、秦开五尺古道和现代的滇川公路、内昆铁路、水麻高速公路在这里束集并行，构成了独特的交通奇观，被称为天然的"中国交通历史博物馆"。

豆沙关铁路、高速公路、关河河道、一般等级公路交汇（图片来自自贡市盐业历史博物馆）

豆沙关古道（图片来自自贡市盐业历史博物馆）

豆沙关古道（图片来自自贡市盐业历史博物馆）

豆沙关古道马蹄印特写（图片来自自贡市盐业历史博物馆）

昭通市盐津县高桥村五尺道

高桥村五尺道，位于盐津县高桥村古坟社，唐袁滋摩崖石刻就在其旁崖壁上。五尺道始建于秦代，历代均有维修，北起宜宾、南至曲靖，途经盐津、大关、昭通、鲁甸等县。

公元前3世纪，秦国占据巴蜀后，秦蜀守李冰采用积薪烧岩之法修筑了从僰道县（今宜宾）经石门关，到千顷池（昭通）的第一条内地入滇通道——"僰道"。秦朝建立后，为有效控制在夜郎、滇等地设立的郡县，常頞在僰道的基础上，将路又修到了建宁（曲靖），因道宽五尺故称"五尺道"。从此，五尺道成为内地入滇的一条大通道，石门关也成为内地通往云南的重要门户。汉武帝时，唐蒙再次在五尺道上"凿山开阁，以通南中，迄于建宁"，史称"南夷道"。唐樊绰《蛮书》称之为"石门道"。

高桥村五尺道现存古石桥一座，横跨在山谷之间，长约350米，道宽5尺，两侧山峰高耸，桥下是一条小溪，取名"高桥"。据说，这座桥建于清同治年间，是单孔石拱桥，其选址在两座山之间的溪口，两侧岩壁坚固，在岩壁上面直接起拱，十分科学。遗存的古道长约80米，宽约1.5米。古道为梯级路面，较光滑，留有马蹄印，拐弯及险要处的马蹄印尤为明显。经此段五尺道向北行进10多千米即到四川境内。

高桥（图片来自自贡市盐业历史博物馆）

高桥五尺道（图片来自自贡市盐业历史博物馆）

高桥五尺道（图片来自自贡市盐业历史博物馆）

昭通市大关县大关垴古道

大关垴古道位于大关县寿山乡，古朱提江西岸，地势险要，是滇、川两省的交通要隘。该古道处于山峡地带，长约10千米，高约600余米，东西两岸皆是峭壁陡坡。大关河及朱提江在此汇合，大关河上有石桥一座，该关素有"一夫把关，万夫难开"之称，大关县名也因之而得，现该古道尚存。1985年10月，大关县人民政府将其列为县级重点文物保护单位。

昭通市大关县黄葛乡太平村马桑坪古道

马桑坪古道位于大关县黄葛乡太平村的关河江岸，系由长形条石逐级砌筑，修建于陡坡崖壁和峡谷之间。从秦朝开五尺道沿用至今。但因道路崎岖艰险，今仅存1千米，宽约1米。在黄葛乡集镇东北100米处的古朱提江上，有铁索桥一座，连接古川滇道。桥原为竹藤索桥，清道光十三年（1833年）改建为铁索桥，后经同治、光绪年间不断修复和扩建，保存至今。

曲靖市会泽县娜姑镇蒙姑坡古道

蒙姑坡古道，又称"蒙姑坡石匠房古道"，位于娜姑镇西北部的小江口至小田坝村的盐水河峡谷内。于清乾隆五十二年（1787年）春季开始修筑，至乾隆五十六年（1791年）夏季竣工，工程由巧家县乡绅刘汉鼎独立捐资并亲自监督，历经四载，锤击斧凿，穿崖凿岩，"坎者劈之，隘者补之；悬岩不可栈者，斧凿之；山涧不能船者，桥跨之"。可见开凿之艰巨。蒙姑坡古道开凿通畅之后，将原来的路线缩短了约10千米的行程，为巧家方向各矿厂的铜汇集东川府城提供了较好的运输条件，也为滇川两省食盐、粮食等物资交易提供了便利。《刘公桥路碑》对该驿道有这样的记载："螳螂一邑，幅员辽阔，壤接川黔，固商旅辐辏之区也。而岁赋京铜不下数百万，尤于运道为扼要焉！奈地多崇崖峻岭，山重水复，令人同嗟；蜀道之难者，其处盖不一而足。"可见该道的重要和艰险程度。

古道主线起自小江口，终点为东川府城（今会泽县城），途经蒙姑坡、小田坝、白泥井、桃园口子、炎草铺、甘沟街、包子铺、山咀子、白雾街、银厂坡、披戛、以则、渔洞等地，全长55千米。蒙姑坡古道沿河谷西北岸的山崖上开凿，从金沙江到会泽坝子，随山势蜿蜒而上，翻山越岭，然而在如此险峻的地理环境下，其路面平直处宽多为2米，而弯道及险要之处宽更是达3~4米。

从小江口至小田坝一段全长 10 余千米的"蒙姑坡铜运古道",是清代以来铜运路线的主干线,位于石匠房西北和东南两端的古道也是现今保存较为完好的路段。石匠房北端山涧桥头 500 余米长的一段道路,均开凿于悬崖峭壁之中,全系隧道(故称石匠房)。此路段路面宽 1.5 米,高 2 米余,两壁呈弧形,宽约 2 米。为使隧道内有足够光线,又在隧道外侧专门开凿了窗洞。窗洞大小不一,距离不等,大者横长 2 米以上,小者直径仅 0.5 米,马队驮运货物行走于内,可畅通无阻。隧道出口有数十米深渊山涧,原有铁索桥飞架相连,今已不存。出石匠房过桥东南端约 2 000 米一段全为陡坡,由山脚到山谷盘旋而上直到小田坝村,全程内侧依山,外临绝壁,开凿之时,外沿以打凿规整的面石砌成金刚墙,路基又以块石和黏土混合而成,路面以石灰岩铺设不很规整的石台阶,其中有两处路面是在岩石上直接凿出台阶。

蒙姑坡古道(图片来自自贡市盐业历史博物馆)

蒙姑坡古道（图片来自自贡市盐业历史博物馆）

曲靖市会泽县云峰村古驿道

云峰古驿道系由四川西南的会理县、会东县入滇的主要交通要道，古驿道西起四川会理至会东，由会东县城经阿木、小街、大桥、双水井、吉兆卡到金沙江边干田坝村的龙王庙渡口，渡金沙江即达云南巧家县的蒙姑。自蒙姑起道路分为两条：一条由蒙姑向北沿金沙江而下，直达巧家县城，全长58千米；另一条自蒙姑继续东行，从大湾子进入娜姑境内，经高家坪、红泥湾、亮风台、腰店子、老箐坡、箐门口、马脖子、石灰窑、教场坝、云峰、大闸、甘沟街，再穿越娜姑北部乐里村后小尖山垭口，溯以礼河而上进入会泽县城，最后又由会泽县城经待补、播乐至沾益区德泽，渡牛栏江后即达沾益、曲靖。云峰古驿道主要指从蒙姑经娜姑至会泽一段，全长67千米。

云峰古驿道现保存较为完好的有两段，其中一段位于云峰办事处大水沟村的山梁上，长1千米左右。道路用石灰岩块石铺砌，局部地段直接在地表裸陷的石灰岩上开凿而成。此段道路由于远离乡村，今已不再使用。另一段道路位于云峰至大闸两村之间，长2.8千米。路面全用不规则的红砂块石铺成，宽约2米，坡道及弯道处均铺砌成台阶，而弯道处宽则有3米以上。此段道路现仍在使用，是云峰及远近村寨到甘沟街的必经之路，由于时间较长，人畜往来频繁，路面的石块上踏痕累累，蹄印斑驳。

云峰古驿道大约在汉代就已经开辟使用了，《华阳国志·蜀志》载："会无县（今四川会理县）路通宁州（今曲靖），渡泸（金沙江）得堂狼（今会泽、巧家、东川）县。"西汉武帝建元六年（前135年）设犍为郡，同时置堂琅县属之。该道就是古堂琅县与内地联系的交通要道。由汉至明以前，云峰古驿道长期未能在官方的控制下经营，直到明代，才由官方护理。清代改土归流，"东川改土设立营制"，专门设立汛塘以管此道。

云峰古驿道原路面多已不存，但路线走向仍然清楚，大部分路基至今仍在沿用。今天，无论是四川会东县，还是云南巧家县，民间仍称该道为"通省大道"。1986年，云峰至大闸一段古道被会泽县人民政府列为县级文物保护单位。

云峰古驿道（图片来自自贡市盐业历史博物馆） 云峰古驿道（图片来自自贡市盐业历史博物馆）

曲靖市沾益区五尺道

沾益区古驿道可以分为两条：北行驿道、东行驿道。

北行驿道属于秦汉五尺道最南端沾益段部分。秦昭王时期，蜀郡太守李冰开始修建从青衣（四川名山）经夹江、乐山至僰道（四川宜宾）的道路。由于山高水深，地势险峻，开凿困难，李冰遂利用热胀冷缩的原理，先放火烧石，再用冷水泼洒，山石破裂，道路始开，即《蜀志》上说的"积薪烧之，故其处悬崖有赤白五色"。这条路被称为"僰道"。

秦统一后，秦始皇颁布法令，令书同文、车同轨，在北方修筑驰道，在南方则将"僰道"继续延伸,直达曲靖地区。他派将军常频在前人已修道路的基础上,沿宜宾继续修筑。司马迁《史记》记载:"秦时常频略通五尺道,诸此国颇置吏焉。"史书称"道广五尺",所以这条道路也被称为"五尺道"。

直至公元前140年,汉武帝即位,国力强盛,中央开始加强对西南地区的控制,着手修建"西夷道"与"南夷道"。"南夷道"就是从僰道(四川宜宾)经朱提(云南昭通)、味县(云南曲靖)、滇(昆明)最后抵达掸国(缅甸)的一条道路。又因为朱提(云南昭通)为枢纽,所以也称为"朱提道"。到了公元749年,西川节度使韦皋再在秦汉古道的基础上,重修起于戎州都督府(四川宜宾),经石门(云南盐津),进入曲靖,再通往昆明直至大理的道路,这条道路也被称为"石门道"。元明清时期,又沿途设置驿站,修筑道路,称为"通京官道"。

沾益北行古道,就是上述秦"五尺道"、汉"朱提道"、唐"石门道"、元明清"通京官道"的沾益段部分。它南起沾益城北西平镇黑桥,北上过九孔桥,穿九龙山,过松林驿、十里铺、遵化铺到北端炎方来远铺,再往北连通宣威。古道全长33.5千米,部分路面完好,由大石铺就,道路清晰可见;也有部分路段被改为耕地或公路。现主要遗存有九龙山段、遵化铺段、松韶段和炎方段。

九龙山段古道南起黑桥,北至九龙上村南。全长约4千米,包括村南山谷一段的道路。路宽2～2.5米,用青石铺成,青石大小不一,没有进一步打磨,路表高低不平。青石上还留有马蹄印,其中一枚马蹄印记长6厘米,深2厘米。行走在山谷中,道路蜿蜒曲折,两侧山林茂密,到峡谷中段深沟地界,于古道边大石上耸立一块石刻,上书"毒水"二字。字为楷书,竖写,字长30厘米,宽21厘米,传说是当年诸葛亮征南中时行至此地,山林茂密,气候炎热,士兵饥渴难耐,发现一潭泉水,就喝了泉水解渴,结果一个个沙哑不能说话,表情痛苦不堪。诸葛亮探明泉水是被附近的孔雀饮水排放粪便污染的缘故后,随即禁止军士饮用,为警示后人,就刊刻"毒水"二字作为标记。2002年12月,九龙山段古道连同"毒水"石刻,一同被公布为曲靖市第一批文物保护单位。

松林驿段位于松林古城遗址,古道依稀可见。遵化铺段仅遵化村北留有部分古道遗存,同样是用青石铺成,宽2.5～3米。松韶段也留有一段约200米的古道遗存,在永安村的西北边,但是古道没有人维护,部分铺路大石被取走。炎方段位于炎方乡炎方土城遗址内,尚有青石路面的驿道留存。松林至炎方这一段,元明时期在沿线都建有驿站,设有巡检专管,是从九品官。

东行古道又称为白水古道，就是现在起于贵州盘州市，经富源县胜境关，过沾益白水驿到沾益，再到昆明、大理的道路。战国庄蹻就是沿着这条道路进入云南，他从楚地经沅水，过且兰，打败夜郎国，直至滇池。元代至元十三年（1276年），该路被命名为乌蒙道，并沿水路、陆路设置驿站。明朝傅友德平云南时也是沿着这条路。明清增设驿站、关隘，是云南通往内地的主要道路之一。

东行古道现存较为完整的是白水镇西南2千米处至浑水塘段的古道，长约3千米，宽1.5～2.5米。青石铺成，石头上有马蹄印记，两侧还筑有夯土墙，有些路面可看出古驿道的痕迹，有的则与乡村道路重合。浑水塘段还有清代烽火、哨卡的遗存。1999年，这段古道被县政府列为文物保护单位。

曲靖市富源县胜境关古道

胜境关位于富源县城东南滇黔交界的山脊上，又称"界关"。胜境关周边山势陡险，惟胜境关处山势较低，而且有一条驿道通向贵州，这里成为古代由黔入滇的重要关隘。自古由蜀入滇有三条路，即灵关道、五尺道和胜境关道。胜境关是元代以来中原内地入云南最重要的通道，被称作"入滇第一关"。关西面的胜境关村内，矗立着一座木牌坊，正中匾额上有"滇南胜境"四个苍劲有力的大字，胜境关的名字就源于牌坊上所书的"胜境"二字。由胜境关关隘至"滇南胜境"界坊处，保留了一段由石板铺就的古道，路宽约1.2米，遗存了较多的马蹄印。历史上不断在胜境关修建建筑物，历史名人吟诗作赋，撰联勒碑，逐渐形成了滇南胜境牌坊、石虬亭、胜境驿、关隘城楼、石龙古寺、鹦琴碑、古驿道等。

胜境关云南段古道（赵小平提供）

胜境关面向云南的古道（赵小平提供）

胜境关面向贵州的古道（赵小平提供）

曲靖市宣威市杨柳乡可渡关古驿道

可渡关古驿道即石门道，是秦、汉、唐时期由川黔入滇的石门道一段，北由威宁县入，经可渡关、水塘铺、新天铺、倘塘、旧铺、通来铺、来宾铺、十里铺，再经炎方入曲靖。驿道全长600千米，而可渡关驿道段南起可渡村南面村口，穿村而过，通可渡渡口，穿过旧城，呈"之"字形沿山坡而上，至山顶进入贵州威宁县境内，全长约10千米，宽2米左右，路面均用毛石铺就，石面由于马帮长期穿行而留下较深的马蹄印迹。可渡关驿道是云南通往中原的大道，也是云南境内最长、规模最大、保存最完好的一段驿道，为中央王朝开道治边、开发和经略西南地区奠定了坚实基础。可渡关驿道上有关城、炮台、碑刻等遗迹。

可渡关驿道（图片来自自贡市盐业历史博物馆）

丽江市永胜县大安乡梓里村古道

历史上，梓里就是永胜通往丽江、鹤庆的枢纽，是滇蜀茶马古道和川盐入滇西北古道上的一个重要路段。其中，梓里渡是这一路段的一个节点，在明清以来的古籍中均有梓里渡的记载。梓里渡，又名上江渡，在城西 80 千米处，当时每到夏季江水泛涨，小船难渡，沿岸民众便在两岸巨大的岩石上系以大竹索，用溜筒覆索上，贯索而渡。所以梓里渡又称蔑缆渡或溜索渡。至春冬时，江水减缓，沿岸船家有时在此划木船渡人。清光绪二年（1876 年），鹤庆蒋宗汉因镇压杜文秀起义有功，官升至腾越总兵，于是捐银修成铁索桥，相比此前的溜索和小木船两种方式都更方便，解决了梓里村古道的瓶颈难题。

梓里村古道（图片来自自贡市盐业历史博物馆）

桥 梁

凉山州西昌市佑君古镇保城桥

保城桥位于西昌市佑君古镇内。古时，西昌皆食产于盐源县的岩盐，而河西（佑君镇）是食盐的主要集散地，自然而然也就成了众多商贾、马帮的集聚点和食宿驿站。明清两代，保城河以南逐渐形成街市，清同治三年（1864年）正街成为河西的商贸中心。1929年建成南北向街道（今文化路），随后为了便于贸易、交通，就在保城河上建起了颇似壮族风雨桥式样的保城桥。

保城桥方便了商贾、马帮和当地居民，大量食盐和其他物品经此桥运进运出，现已成为集市散后人们聚集和纳凉之所，成了河西一处富有历史内涵的人文美景。

保城桥（图片来自自贡市盐业历史博物馆）

曲靖市沾益区西平镇浑水塘村北九孔桥

九孔桥位于曲靖市沾益区西平镇浑水塘村北500米处，九龙山脚下南盘江上。始建于清乾隆三十年（1765年），属石砌拱桥，桥长84米，桥面宽6米。全桥共有九个半圆形桥孔，故名"九孔桥"，孔高4米，跨径3.7米。桥东西各有一款建桥碑，但由于年代久远，碑文模糊不清，只有东建桥碑依稀可见"亘古如□"

字样。石桥造型优美，如长虹卧波，横跨南盘江东西两岸，建桥至今两百多年仍在使用。1999年，沾益县政府将其列为县级文物保护单位。

九孔桥（图片来自自贡市盐业历史博物馆）

曲靖市沾益区西平镇黑桥村旁黑桥

沾益区黑桥，又名山塘桥、长虹桥，是云南史料记载中最古老的石质拱桥。它位于城北2千米处，西平镇黑桥村北50米处，是五尺道上一座历史悠久的桥梁，横跨南盘江南北两岸。它始建于唐武德七年（624年）冬十二月，为检校南宁都督韦仁寿所建，因山势地形将这座桥命名为山塘桥。关于黑桥名称的由来还有一段故事：当时桥梁修完后，天已经黑了，干活的人们要离开时才发现这座桥还没有名字，有人建议说，既然是天黑才建好，就叫作黑桥吧，于是山塘桥也就有了它的俗名——黑桥，桥南的村子也就叫作黑桥村了。

随着历史的推移，黑桥逐渐淹没在南盘江的泥土砂石之中。咸丰元年（1851年），时任沾益州知州的邓塈为民造福，在原址基础上重新修建山塘桥，并立碑纪念，取名为"长虹桥"。

黑桥属石制拱桥，有三个桥孔，最大的一个直径10米。桥梁全长42米，桥面宽6.2米，可通行车马。桥北地势较低，原建有160余米的引桥与桥梁相连，后拆毁。黑桥作为云南史载最古老的桥梁，距离著名的赵州桥的修建也不过30年左右的时间，具有较高的研究价值，是研究交通史、云南对外交流史、建筑史的极好资料。

黑桥（图片来自自贡市盐业历史博物馆）

黑桥桥面（图片来自自贡市盐业历史博物馆）

曲靖市沾益区太平桥

沾益区太平桥，位于沾益东门外400米处，南盘江上。相传明洪武十四年（1381年），傅友德平云南路过南盘江，当时并没有桥，他就感慨说："以后一定要修一座桥，就叫作太平桥吧。"于是桥没有建立而桥名就先出现了，这在全国都是极罕见的。不到五年，南盘江上就建了座桥，名为"太平桥"。明万历年间重修，清康熙年间乡人沈逢圣又募资修补太平桥。到了雍正年间，时任沾益知州的王鼎用自己的俸禄于太平桥头树立了一座"入滇第一州坊"的牌坊，以凸显沾益"入滇门户"的地位。后来沾益百姓为这位王大人又树了一座"天下父母坊"，也同样立于太平桥边，虽然现在这两座坊都已不存在，但一座桥梁两牌坊的奇景早已记录在《沾益州志·坊表》中。

太平桥全长40米，宽6米，为三孔青石拱桥。桥面坡度较大，两侧还遗留有护栏石基，1984年桥面整修为沥青路面，加设金属护栏。这座桥是贵州入滇必经之处，有一定的历史价值。

曲靖市沾益区城方桥

沾益城方桥，位于盘江乡政府西南200米城方桥村北。为三孔石拱桥，桥长35米，桥面宽7米，桥孔跨径8米。建于明朝，由附近百姓集资修建。

关于桥名的来历也有一个故事：相传小箐沟附近的人们因为南盘江江水三面环绕，出行不便，就集资建桥。当桥修好后，按照当地惯例，必须要等官老爷第一个过桥并且为新桥取一个名字后，其他人才能通过。当天，桥附近的人们聚集在桥两边等待官老爷过桥取名。然而，等待的人中有桥北的方姓人家要嫁女儿，出嫁的轿子等在桥边多时仍不见官老爷出现，因怕误了婚礼想急着过桥。守桥的兵员要求必须新娘子下轿为新桥取一个名字才能过去。结果，这位方姓姑娘下轿走到桥上，出口成章，讲出一首打油诗来：

新人过新桥，
踩了千年万古牢。
方家姑娘陈家讨，
取名就叫陈方桥。

人群为新娘子的聪慧鼓掌欢呼，这座桥也就被叫作"城方桥"（"陈"与"城"谐音）。而小箐沟这一地名也被"城方桥"所取代，桥附近就成了"城方桥"村。清光绪年间，在村东又建了一座新的石拱桥。

从明朝至今，跨越三百多年时光的城方桥依然屹立，成为沾益经松林过盘江乡，去往德泽乡，甚至远到会泽县的必经之路。

曲靖市沾益区牛栏江桥

沾益牛栏江桥，又名小江桥、车洪江桥、七孔桥，位于德泽乡人民政府驻地南200米外牛栏江上。桥长95米，宽6.7米，有7个桥孔，每孔宽10.4米。桥墩距1.5米，长2.7米，呈菱形。在桥面第四孔桥栏上，刻有牛图案的浮雕。桥西立有修桥碑，碑额为太极图案，两侧装饰凤凰、鹿、鸥鸟等，上书"大清乾隆四十年乙未仲秋吉旦立"，另有"东川府"字样。

史书上说这座桥是刘汉鼎所修。乾隆《沾益州志》记载："车洪江桥，州西北一百二十里，东川刘汉鼎独立建。"据说刘汉鼎为巧家厅水碾村人，是清代云南有名的富商，人称"刘百万"。他经营马帮，将东川府的铜运至四川装船，最终运往京城，还经营各种生活物资和其他矿物的运输，赚取了巨额的财富。同时，刘汉鼎也是一个大善人、大慈善家。他先后修筑了蒙姑坡石匠房古道、刘公桥，重建尹武义学，设可富村义渡，修建车洪江大桥等。

传言刘汉鼎每次从东川府过德泽到沾益去，都要渡过牛栏江，当时江上无桥，渡河全凭一根横贯江上的大血藤，后来人马过往，血藤枯死，流出鲜血一样的汁液，一直流了七天七夜，牛栏江为之染红，所以牛栏江也被称为车洪江。一次，刘汉鼎率马队过江，行至江心，一匹马前蹄陷入一个树洞之中，无法拔出，马帮在江中进退不得，刘汉鼎就说："谁能帮我拔出马蹄，我定在此处修一座桥。"结果话刚落，马就拔蹄而出，马帮得以顺利前行。他也不食言，在乾隆四十年于牛栏江上修了一座石桥。《沾益州志·艺文志》还收录了刘汉鼎的《车洪江》一诗，前言为："江在州西百余里，由曲靖赴东川要道，向设石墩，架以木梁。每遇暴涨，梁辄毁，强以船渡，岁有覆溺之患，惨不可言，余为建石桥于上，长二十余丈，宽丈五六尺，下为七孔泄水，今已二年，事将观成矣。"

其诗云：

车洪江水日汹汹，奔流竟欲先朝宗；泝望狂澜不可障，牂牁一线杳难追；尹昔架墩成各约，往者来者齿相错；不堪岁岁夏秋交，祝融少皞共流薄；冯夷肆虐助其威，翻动云根带潮落；深林处处鹧鸪啼，乱流谁惯学凫鸥；过涉弗知灭顶戒，愁云毒雾增惨凄；我闻成梁载月令，讵忍当途设陷穿；大路不平人得铲，束薪累石求通顺；审地几周遭经营，敢惮劳安危争一；举得失界秋毫延，袤二十丈穿长空；横以两寻高倍耸，举步当拟赋凌云；寒裳不用嗟蒙倾，吁嗟桥成心已惮……

两百多年过去了，牛栏江大桥依旧耸立在大江之上，为过往行人提供便利。1989年，县政府将桥面加固，铺设混凝土，使之成为沾益至会泽的干道公路桥。1999年该桥被列为县级文物保护单位。

曲靖市妥乐江桥

妥乐江桥，位于大坡乡妥乐村。这座桥为木石结构，长50米，宽2米，有6孔，每孔跨径6.4米。桥上还建有12间瓦房，是滇东北少有的廊桥。始建于清乾隆年间，后来又于清嘉庆十年（1806年）、道光十四年（1834年）、咸丰九年（1859年）、同治九年（1870年）四次重建。1987年，地、市、村三方筹资加固桥墩，改为混凝土桥面，还装了金属护栏。

曲靖市富源县块泽河大桥

块泽河大桥，分为新桥和老桥，均位于富村镇新厂村委会下铺村西北800米处。老桥建于清乾隆四十九年（1784年），由富源县富村镇与罗平县富乐镇共同修建。大桥横跨块泽河，为双孔石灰岩桥，长30米，宽6米，距水面30余米。河中突出巨石作为桥墩，向两岸延展造桥。建有两个泄洪孔，大小不一，东侧跨径5米，高20米，西侧跨径12米，高26米。

大桥东北石壁上刻有"天虹接汉"字样的石刻，而在桥东北十米悬崖上还有一座"观音寺"。桥南立有两块修桥碑，桥西还有一块修桥碑，记录了大桥的修建及重修的历史。

新桥建于1981年，位于老桥之上，为混凝土箱型空腹式拱桥，长44米，宽6.5米。

曲靖市富源县黄泥河镇抹阁桥

抹阁桥，位于黄泥河镇小营脚村。始建于清嘉庆四年（1799年），由黄泥河镇伍乐村人黄好仁修建，因建于癸酉日，又称为"酉集桥"，癸酉属鸡，鸡为凤凰，河水为龙，又名"龙凤桥"。清光绪七年（1881年）被河水冲垮，一年后，由村民徐家鹏首倡重建。全长40米，宽5米。1995年，富源县政府将桥梁整修，使之成为富源县与贵州兴义市的交通要冲。

曲靖市宣威市杨柳乡可渡桥

据《宣威县志稿》载："可渡桥在城北一百三十里，跨可渡河。吴梅村诗：'盘江西绕七星关，可渡桥边万仞山。'其险可想而知也。旧系木桥。清康熙中，总督范承勋以其为滇、黔、蜀驿使往来孔道，建石桥于下游里许。旋圮。三十三年，威宁镇总兵唐希顺复建木桥于旧处。五十四年朽，总督葛□重建，题其额曰'卧波'。雍正八年三月，毁于火；九月内重建木桥。复圮。同治间，盐法道沈寿榕捐资设舟以渡。民国8年（1919年），广东虎门要塞司令官曲靖赵越绍述乃考遗志派员鸠工，登山伐石，费所自出，独立担任。桥成，秦太史树声撰文书丹，俾勒于石，且名其桥曰'义夫渡'。越父勋丞封翁，在袁政府时曾蒙褒为'义夫'，奉建石坊于曲阳者也。"

又据《中国文物地图集·云南分册》载："可渡桥为三拱石桥，1917年建，跨可渡河上，南北走向。全长60米，三孔不等，中孔净跨10.5米，边孔净跨9米，拱券为纵联砌筑。桥面宽5.5米，两侧砌桥石栏板。桥南端立有'普济可渡桥'石碑一通。"

今天我们看到的可渡桥，是1917年由赵越所建之石桥。1990年宣威县人民政府曾先后拨给资金12万元进行维修，中间用钢筋水泥加固，如今完好无损。

可渡桥（图片来自自贡市盐业历史博物馆）

丽江市束河古镇青龙桥

青龙桥建于明朝万历年间，是木氏土司时期的标志性建筑，长25米、宽4.5米、高4米，全部由石块垒砌，此桥成为马帮、挑夫、背夫长年累月运送大量物资的必经之处。

从侧面看青龙桥，桥洞成圆拱形，桥面基本是平的。今天，青龙桥的桥面经过风雨的洗礼已经变得斑驳沧桑，其中一部分已呈白窝状，石块也变得光滑透亮，但站在桥上时还是能感觉到它的气势和厚重感。特别是到开春时节，桥畔的杨柳长出了新芽，如烟似纱，仿佛绿色的波浪要涌上桥面来，遂形成束河八景之一"烟柳平桥"。

青龙桥（图片来自自贡市盐业历史博物馆）

青龙桥桥头反映茶马古道文化的雕塑（图片来自自贡市盐业历史博物馆）

丽江市永胜县盟川桥

盟川桥，又名永安桥，位于永胜境内，始建于明朝，旧时是丽江、永胜、华坪三地来往的驿道桥梁。乾隆二十一年（1756年），曾将盟川桥改为明月桥。盟川桥过去形如架鞍，在道光二十年（1840年）改成铁索桥，上盖瓦屋，两头建有楼阁照壁，并改回原名盟川桥，可惜后来坍塌。光绪二十七年（1901年），同知秦定基捐银又进行重修。

盟川桥（图片来自自贡市盐业历史博物馆）

盟川桥桥头侧面（图片来自自贡市盐业历史博物馆）

码 头

宜宾市南广古镇码头

南广古镇位于宜宾市翠屏区南部沿长江而下约3千米处,有"万里长江第一镇"之称。南广河是长江上游的支流,是古时云南货物借道长江的重要水路。《华阳国志·南中志》记载:"自僰道、南广有八亭子。"古镇因便捷的南广河水运而商贸兴盛,并以转运川盐和滇铜等物资出名。在南广河汇入长江的地方,是一度成为水运繁华之地的榨子门码头,为清朝、民国时期进出宜宾珙县、筠连县、高县、江安县、长宁县及兴文县的重要水运码头。南广河在接入长江口约五里的河段处,是一段落差极大的河谷,货物运输要在南广河左岸的河坎上近五里的陆路上进行转运,这条路成为深入南广河中上游纵深地带的中转带。早在清代,作为这条古道终点站的榨子门码头就热闹非凡,一方面云南的铜矿、粮食等物资通过这里被运送到长江航道各码头;另一方面,四川的盐巴、棉花等生活物资又从这里被转运到云南。

榨子门码头(图片来自自贡市盐业历史博物馆)

宜宾市筠连县腾达镇码头

筠连交通侧重陆路,水路能通航的是南广河及其支流镇舟河,镇舟河即在腾达镇汇入南广河,腾达镇可谓筠连的水运中心。腾达镇码头位于南广河的起点——腾达镇,它是一个水陆码头,连接水运和陆运,从云南来的挑夫、马帮将天麻、火腿等山货运到这里,再通过南广河的水运转到南广,再运到长江沿岸各地。而通过水运从外面运来的盐巴、棉布等生活物资,由挑夫、马帮们再肩挑马背回云南销售。腾达镇码头曾经非常热闹,这里一次能停靠二十几只船,每天过往的船只大大小小有上百艘,其中还有许多是要靠12个人来撑的大船,大量的商贸往来使得腾达镇异常繁华。

腾达镇码头(图片来自自贡市盐业历史博物馆)

昭通市永善县黄华乡黄坪码头

黄坪码头在今永善县黄华乡境内,亦称"黄草坪渡",因古时黄草多而得名。清中后期属永善汛管辖,黄坪码头为清代滇铜、盐和其他物资运输要道。据县志和史籍记载,其在县城西六十余里处,当时商贾往来众多,很是繁华。

关隘、驿站

宜宾市筠连县五尺道上的隐豹关

隐豹关，当地人称其为"卡子"。它坐落在筠连镇与巡司镇之间的山梁之上，坐东向西，拱卫着筠连县城，使其不受南来之敌的侵扰。历史上，隐豹关一直是兵家必争之地，因为它既是沟通五尺道和南夷道的重要关隘，又是五尺道重要支线筠牛路的重要关口。

从巡司场出发往北行进，经过冒水孔爬上约50米的石板阶梯，从飞来寺山峰右侧山口蜿蜒而进，沿着五尺道的石板路在山岩间绕一个大弯，再爬上陡峭的悬崖，就能看见巍峨雄伟的隐豹关矗立在百米外的山坳间。隐豹关依山而建，用石头砌成，长约40米，墙体厚约两米，正中间砌有一个门洞，有一夫当关万夫莫开之势。从隐豹关上往南远眺，关前一片奇峰怪石，奇峰怪石间古木参天，常年绿树葱茏，而筠巡路就在怪石中蛇行。转身北望，是一奇峰林立的小盆地——古楼坝，筠巡路在盆地中向北方的慈竹坳延伸。曾经，筠巡路上每隔一里许便有饭店客栈，驮着货物的马帮和商贾往来不绝，十分繁华。

隐豹关在清朝咸丰年间进行过最后一次修缮维护。如今，门洞已毁，仅留下一些残垣断壁诉说着隐豹关曾经的繁荣与辉煌。

隐豹关（图片来自自贡市盐业历史博物馆）

宜宾市筠连县五尺道上的凌云关

凌云关，当地人称为御风亭，坐落在宜宾市高县蕉村镇和筠连县犀牛村交界处乌蒙山余脉的崇山峻岭间，北面为高县蕉村镇裕丰村，南面为筠连县犀牛村，是由滇入川进出宜宾的四大关口之一，也是目前川南保存最完好、最大的古代关卡。

从高县蕉村镇裕丰煤矿下车，然后沿毛公路步行上山，到达山顶就能看见凌云关这一雄伟的建筑。凌云关修于明代，距今已有六百余年的历史。整座建筑保存较为完好，基本保持了原貌。它坐西南向东北，占地面积为120.7平方米。整个关卡呈长方形，"卡"在高县与筠连交界的山坳处，颇有一夫当关万夫莫开的气势。关墙由石块砌成，外长17米，外宽7.1米，内长14.5米，内宽3.8米。关卡南北有三道门框，均用条石砌成，券拱形，现门已损毁，仅存门闩孔。1961年，该关废弃。

现如今，凌云关只剩下四堵厚实的石砌残壁，以及关卡南北三道高大的门洞。关卡正门上的"凌云关"三字因为年久风化，已经看不清了，关卡顶上长满杂草，关卡内部阴暗，依稀还能看到类似桌子、小凳之类的石质物件，能够想象明清时期马帮、背帮、挑夫等络绎不绝经过关卡时的情景。凌云关见证了一条通商要道绵延两千多年的繁荣昌盛，也见证了筠连被称为"南方丝绸之路要津""出川入滇之门户"的重要地位。

凌云关（图片来自自贡市盐业历史博物馆）

凉山州冕宁县泸沽镇泸沽峡孙水关

泸沽峡，位于冕宁县泸沽镇东部约3千米处，古时又称"泸沽关"，是古代南方丝绸之路西线上重要的险关，有《泸沽峡》诗云："建属称雄镇，泸沽第一关。"《读史方舆纪要》中记载："泸沽关，即泸沽峡，两山壁立，峡深百余丈，阔不盈寻，孙水流其中，淙淙有声，人行东山岭上，俯视魂摇。"泸沽峡南北两山对峙，滔滔孙水穿插峡谷，其中最窄的峡口就是古道上的军事要隘——孙水关。汉武帝元光五年（公元前130年），蜀人司马相如受命出使西南少数民族地区时即经过此地："通灵关道，桥孙水，以通邛都。"孙水关为灵关古道上的军事要隘，北临危崖百尺的泸沽峡绝壁，其下翻滚着孙水河；南接伏龙山，峰顶直冲霄汉；而孙水关扼守其间，掌控咽喉要道，大有"丸泥封关"之势。

泸沽峡风光绮丽的自然山色吸引了许多文人先贤在此泼墨挥毫，留下来不少至今传诵的篇章，明代万历年间名臣周光镐赋诗一首："斗绝泸沽峡，江流一线通；淙淙喧谷底，淥淥润河东。"清道光年间冕宁知县书纶在《泸沽峡》诗中写道："两山渴如龙，共来饮于涧；蜿蜒分䰇鬣，峭矗孰能媻？"清代著名书法家、宁远府知府史致康途经泸沽峡也忍不住停驻吟唱："相岭孤松，东西南北风债主；泸峡怪石，春夏秋冬水冤家。"

20世纪50年代，因修筑泸沽至越西的公路，孙水关被拆，如今古孙水关遗址上只剩下一座造型简单的纪念碑。

孙水关（图片来自自贡市盐业历史博物馆）

凉山州喜德县登相营古驿站

登相营,坐落在四川省凉山州喜德县冕山镇不远的小相岭南麓,今深沟乡辖区内。传说诸葛亮南征时曾途经这个地方,驻扎军队,并登上此地检查军情,登相营的名字便由此而来。

登相营驿站是南方丝绸之路三条主干线之一——灵关古道上的重要关卡,是西昌通往成都古道的重要驿站和关隘,是过往商旅的必经之地。始建于明代初期,最初只有几户当地居民在此经营小客栈为生。明成化二年(1466 年),宁番卫(今凉山州冕宁县)建成"三关、两营、七堡"屯兵护路,登相营驿站从此正式屯兵,以后的清、民国均为屯兵之地。《喜德县志》记载:登相营石城,位于小相岭南麓,今深沟乡辖区内。城墙为条石嵌砌,依山势平面作椭圆形,四开门,地处高寒地区,城内无农业居民,只有旅店、铺房、驻军游击衙署。从史料记载来看,登相营驿站既是军事城堡,又是交通要地。

古时登相营驿站内房屋馆驿甚多,以供过往商旅餐饮住宿。南、北城门之间有一条宽约 5 米、用碎石和泥沙铺成并设置有排水道的主街道,说明当时十分繁华热闹。晚清及民国时期,登相营繁荣达到顶峰,日平均客流量为 1 000 至 2 000 人次,最多时可达到 3 000 人次。常年云集的商贾们将茶、丝绸、糖酒和铁器等从成都贩往西昌、云南乃至东南亚各国,又经西昌将玉米、荞麦、牛羊和白蜡运往成都。而经过登相营的时候商贾和马帮人常常会留宿此地,还会去坐落在登相营繁华上街的马王庙烧香叩头,祈祷漫漫路途能够顺利平安。登相营驿站内还设有府邸,常年有行政官员和作战部队驻扎在此,并且修砌有狱卡,用于关押犯人。今天,驿站内仍然能看见一些明代建筑遗址,如炮台、狱卡、骡马客栈、戏台、商铺、寺庙等。

1989 年登相营驿站发生火灾,城内房屋几乎毁尽,只有南门附近的几间老宅受损较轻,因此现在只有曾经高 3 米、宽 2 米的城墙清晰可见。

目前,登相营古驿站已经被确定为国家级文物保护单位加以保护、开发、利用。

登相营古驿站全景（图片来自自贡市盐业历史博物馆）

登相营古城墙（图片来自自贡市盐业历史博物馆）

登相营驿站城门（图片来自自贡市盐业历史博物馆）

驿站的驿道（图片来自自贡市盐业历史博物馆）

曲靖市富源县胜境关

胜境关位于富源县城东南滇黔交界的山脊上，又称界关，是古代由黔入滇的重要关隘，被称作"入滇第一关"。现存文化遗产主要有：

滇南胜境坊

滇南胜境坊位于富源县城东 8 千米，胜境关村西。始建于明景泰四年（1453 年），时任云南巡抚洪弼为"助风水之兴，补山川之胜"所建。清康熙年间总督王继文重修，1927 年再次重修，1988 年再次重修。2000 年成为省级爱国主义教育基地。

滇南胜境坊为三开间门洞式牌楼建筑，中间主坊较高，两边副坊略低。坊高 14.8 米，宽 10 米，由 12 根楹柱支撑。坊顶饰有黄色琉璃葫芦宝顶，两侧为黄色琉璃吻兽，垂脊与岔脊各装饰陶制垂兽、走兽。整个牌坊按照九级斗拱支撑飞檐翘角，是云南境内建筑等级最高的牌坊建筑物（古以"九"为极，象征最高，北京故宫午门斗拱就是九级）。

主坊檐下镶嵌匾额，上书"滇南胜境"四个大字，两侧副坊从左至右上书"滇界风霜""万里晴空"；坊另一侧，中间上书"固若金汤"，左右各书"滇黔锁钥""黔江阴雨"。这些一方面体现了独特的"关隘文化"，另一方面也描述了云贵两省不一样的气候特点。楹柱上各刻有楹联。

牌坊东西两侧外部各有一对石狮子。朝向云南的两只狮子红土覆身，朝向贵州的两只则长满青苔。西侧的楹柱、横梁干燥色黄，东侧的湿润泛绿，就连楹柱柱基两侧都是青红分明，如此奇景令人叹为观止，感慨大自然造化神奇。这充分表明了云贵两省不同的气候，"雨师好黔，风伯喜滇，贵州多雨，云南多风"。古人也写文称奇："西望则山平天豁，还观则箐雾瘴云，此天限二方也。"牌坊曾有一联"咫尺辨阴晴足见人情真假，滇黔原唇齿何须省界分明"，既说了气候特点，也表达出云贵两省和睦相处、友好往来的愿望。

胜境坊（图片来自自贡市盐业历史博物馆）

胜境坊（赵小平提供）

胜境关关隘城楼

由胜境坊向东约1 000米，就到了胜境关城楼的位置。城楼建于咸丰四年（1854年），由时任平彝（今富源）县令的施仲麟所建。现存关隘城楼为1990年、1997年重修。城墙长37米，高7.8米，厚8.3米，关门沿用清朝时留下的拱门，拱门上书"胜境关"。关楼上悬挂"胜境关"匾额。关隘两侧山上还留有清朝时期的古炮台遗址，尚未修复。

胜境关关隘全景(赵小平提供)

胜境关关隘(赵小平提供)

胜境关关隘(赵小平提供)

胜境关城楼上面向贵州方向的木柱已经受潮朽烂(赵小平提供)

胜境驿与石虬亭

胜境驿始建于康熙三十四年(1695年),总督王继文派人修复石虬亭时,在亭前建三间房屋作为驿站,民间又称为"接官亭"。驿站在"文化大革命"中被拆毁,1990年,县政府重新修建,现作为文管所驻地。

石虬亭建在胜境驿中，原名万里亭，位于距胜境坊约400米的村内。始建于明万历二年（1574年），清康熙三十四年（1695年）重修，康熙四十九年（1710年）改名为"石虬亭"。1988年，重新修复亭子。亭前有一水池，池中两道石灰岩突出地表，交错缠绕，如两条石虬（带角的小龙）张牙舞爪，栩栩如生。这便是古寺与亭子名称来源的石龙。相传，云南与贵州的两条龙在胜境关相遇，化作一对男女。他们一见钟情，相互爱慕，久久不愿分开，直到雄鸡唱响，天亮了，他们无法恢复真身回到龙宫，就化作地上的两道石虬，相互缠绕在一起。两条龙旁边还有一眼泉水，称为"龙泉"，传说喝了龙泉水会带来好运。

胜境驿（图片来自自贡市盐业历史博物馆）

石虬亭（图片来自自贡市盐业历史博物馆）

曲靖市沾益区炎方驿城遗址

炎方驿城遗址位于炎方乡。元代为火忽都驿，明洪武二十四年（1391年）改为炎方驿。明天启五年（1625年）巡抚洪闵学建土城，"周三百丈，高二丈"，是沾益五尺道最北端。现存东南两堵墙。

曲靖市沾益区松林驿城遗址

松林驿城遗址位于盘江镇松林村。元代为卜鲁吉驿，明洪武二十四年（1391年）改为松林驿。松林驿城与炎方驿土城同时建于天启五年（1625年）。外侧城墙采用砖石砌筑，内侧为夯土筑成。存有东、南、西、北四道门，连接四条大街，于城中交汇呈十字，名"十字街"，十字街建有坐东朝西的魁星阁。由于战争等原因，现在仅存西门楼、魁星阁等古建筑和部分古城墙。

曲靖市沾益区白水驿

白水驿又称"泉邑"。史书记载白水驿"在城东北八十里白水关，隶南宁县"，就是现在的白水镇位置，但是驿城早已湮没于历史之中，只遗留一段古道、三块碑。古道即沾益东行古道中的一段遗存，即由贵州经富源胜境关，过白水驿到达沾益城区的这一段。三块碑分别为"泉关碑""重修文宫碑""重修新桥碑"，现全存放于白水镇文化站内。

关于白水驿名称的由来有两种说法，一种认为是"泉关"的泉字，一拆为二，即为"白水"，民间就把泉关驿叫成了白水驿；另一种说法是，白水镇东南有一座山名为"水洞山"，水洞山有一股泉眼常年流出水汇聚成河，河水波光粼粼，形似一条白色玉带，故名白水驿。在水洞山的石壁上留有民国时期雕刻的一块石碑，上书"敕封有感本山得道行雨龙王之神位，民国乙丑年，孟夏谷旦，署白水分县乐承业率绅耆敬立"，以感谢水洞山的水养活了一方百姓。

曲靖市宣威市杨柳乡可渡关

作为"滇黔锁钥""入滇第一关"的可渡，是从贵州毕节市进入云南曲靖地区的交通要地。行人可从成都经宜宾、盐津、大关、昭通入贵州境，再由毕节、威宁经可渡进入云南腹地，所以可渡是滇黔重要孔道。它始建于秦代，元、明、清三代均在可渡设置邮传、驿站、兵站，使用十分频繁，在历代军事、交通、邮政和经济文化交流中发挥了重要作用。可渡河北岸驿道旁观音堂内的《修观音堂并暂驻亭碑记》中记述"可渡弹丸岩邑，南通六诏（大理），北达三巴（今嘉陵江和綦江流域），东连金筑（今贵阳），行旅冠裳，络绎辐辏，孔道也"。现存的可渡关驿道全长约10千米，宽约2米，全部用不规整的石板铺成，除三甲街段被整修为村间道路外，其余路段保存较为完整，路面铺砌整齐。驿道沿线保存有陈家客栈、可渡关关址、三甲街民居、可渡戏楼、汛防外委署、可渡关北关门、船工房、旧城东城门民居、旧城武庙、旧城汤家马店和孙家马店以及可渡河岸诸多摩崖石刻等文物古迹。2013年，可渡关被国务院列为第七批全国重点文物保护单位。现在，可渡关驿道仍是云贵两省居民交往的民间通道。

可渡关关门（图片来自自贡市盐业历史博物馆）

碑 刻

宜宾市南广古镇"盐单"石碑

"盐单"石碑,为宜宾南广古镇遗存的一块清道光十年(1830年)所立的碑刻,碑文中刻有"盐单""京铜局"等文字,可佐证南广古镇与盐运、铜运的密切联系。现碑文多已模糊不清。

"盐单"石碑(图片来自自贡市盐业历史博物馆)

凉山州盐源县平川镇骡马堡(禄马堡)"润盐古道"摩崖石刻

早在秦汉以前,润盐古道就已初步形成,成为古代南方丝绸之路的组成部分,是南方古丝路的一条重要干线,同时是川盐古道中海拔最高的古盐道。润盐古道上流通的物资主要是食盐、茶叶和丝绸等。而润盐古道的形成，与盐源自古盛产盐、铁、金有着密切的关系。也正是因盐铁之利，奠定了润盐古道在西南交通史上的重要地位。

润盐古道题刻位于盐源县平川镇骡马堡（禄马堡）的一座山壁之上，古时盐源境内雅砻江被称为打冲河，又称大金河。古代摩梭先民以"平溜""陡溜"渡江，因渡江方式简单、危险，故而经常发生事故。明朝按察使副司朱篪力主修打冲河索桥以改善交通，并亲临现场督修。索桥竣工后，朱篪在崖壁上题刻"金生丽水，润盐古道"八字，至今"润盐古道"四字犹存。因此，从产盐地盐源到云南丽江的运盐道路，便因此摩崖石刻而得名"润盐古道"。

摩崖题刻（图片来自自贡市盐业历史博物馆）

润盐古道上的马帮（图片来自自贡市盐业历史博物馆）

如今，原古道的很多路段大部分已经被现代化公路、铁路、桥梁等所覆盖，现只能看见仅存于山林或溪涧之中原貌的一部分。

凉山州冕宁县泸沽镇孙水关摩崖石刻

在孙水关遗址向西约百米的公路南边，有一数丈高的石壁，壁面平整光滑，当地称之为"观音岩"，上面荟萃着许多古代文人墨客的题刻，现为冕宁县重点保护文物。

现遗址的石壁上还有明代万历二十五年（1597年）的摩崖石刻"西南形胜""山水奇观"八个楷书大字，字体古朴端方，笔画遒劲有力，距今已有四百多年历史，其中的"西南形胜"四字曾于清代嘉庆年间重刊。

八字石刻旁边还刻有"哑泉不可饮"，原石刻因年代久远而剥落不存，此处是冕宁知县徐建于清道光二十一年（1841年）重新刊刻。相传古时山中栖有雌雄孔雀，常浴泉水，泉因此含毒，饮此泉水者口不能言。三国时期诸葛亮曾率军南征经过孙水关，士卒饮用此山泉水之后而声哑，故勒石碑文以戒部众。当然，这只是传闻而已，哑泉不仅早已无毒而且泉水清洌甘美，沁人心脾，当地人民也不称此泉为哑泉，而称"龙泉眼"。

众多石刻中最为醒目的当是一个狂草的"龙"字，这个"龙"字石刻是清代著名书法家、宁远府知府史致康于咸丰四年（1854年）题刻。史书载此人能书盈丈大字，"龙"字石刻字径2米，笔画苍劲有力，矫健奔放，宛若一条蛟龙盘于石壁之上。史致康在石壁上刻一龙字是为了纪念一百多年前"乾隆皇帝梦游孙水关"的传说。虽然现实中乾隆帝从未到过此处，但泸沽峡却因此蜚声国内。

摩崖题刻（图片来自自贡市盐业历史博物馆）

孙水关题刻（图片来自自贡市盐业历史博物馆）

"龙"字石刻（图片来自自贡市盐业历史博物馆）

昭通古城中的"孟孝琚碑"

汉"孟孝琚碑"位于云南省昭通市境内,是云南迄今发现最古老的碑刻,有"滇中第一古石"之称。光绪二十七年(1901年)七月,该碑出土于昭通白泥井杨家冲子马家湾马姓宅旁,现存于昭通市实验中学碑亭内。现存孟孝琚碑上端断残,下端完整,左有龙纹,右有虎纹,下有龟纹。残碑高1.83米,宽0.96米,厚0.24米。碑文共15行,除第13行空白、第5行3字、第14行16字、第15行10字外,其余每行21字,共存260字。

碑文:

(惟河平四年,岁在)丙申,月建临卯。严道君曾孙,武阳令之少息,孟广宗卒。(呜呼哀哉,有志未)遂。广,四岁失母,十二随官,受韩诗兼通孝经二卷。博览(有得,欲比德于玉),改名为琼,字孝琚。闵其敦仁,为问蜀郡何彦珍女,未娶(而孝琚先殒。是年)十月癸卯,于茔西起攒,十一月乙卯平下。怀抱之恩,心(殊惨怛。勒铭示后),其辞曰:(天地有憾,阴阳郁)结。四时不和,害气蕃溢。嗟命何辜,独遭斯疾。中夜奄丧,(寝于巨室。神魂何)荧,忽然远游。将即幽都,归于电丘。凉风渗淋,寒水北流。(羔扃永闭,重晤无)期。痛哉仁人,积德若滋。孔子大圣,抱道不施,尚

孟孝琚碑(图片来自自贡市盐业历史博物馆)

困于世,(喆入云萎。德行颜)渊,亦遇此灾。守善不报,自古有之。非独孝琚,遭逢百离。(辟彼良材,一朝倾)覆。恨不伸志,翻扬隆恰。身灭名存,美称修饬。勉崇素意,(镌石以文。载其清)时,流惠后昆。四时祭祀,烟火连延。万岁不绝,勖于后人。(乱曰:凤兮凤兮悲)失雏,颜路哭回孔尼鱼。澹台忿怒投流河,世所不罔如(天何)。

由于碑文残缺,仅有"丙申""十月癸卯于茔西起攒,十一月乙卯平下"等字样,因此学界对于其建碑时间存在争论。主要有西汉河平四年(前25年),东汉建武十二年(36年)、永元八年(96年)、永寿二年(156年)、永寿三年(157年)、建安二十一年(216年)等六说。根据原碑的官刻、字体、文风来考察,以永寿三年立碑较为可信。

从内容上来看,该碑主要记述了孟孝琚的生平,反映了东汉时期中原儒家文化在朱提(昭通地区)的传播情况,也呈现出当时的婚丧习俗。同时"孟孝琚碑"对研究"南中大姓"的来源、族属以及形成等若干问题提供了宝贵史料。从书法上看,"孟孝琚碑"碑文系隶书,笔法上主要采用方笔,笔画瘦劲古朴;结构上没有摆脱汉隶的风格,取势横扁,左右舒展,但奇中求正,正中求变;章法上虽纵横排列、不失规矩,但大小参差、跌宕变化、富有奇趣。它的发现不仅打破了"北方南圆"的陋说,还有助于探索汉隶与今隶递嬗痕迹,其独特的书艺在中国书法史上占有重要地位,为云南古文化增色不少。

昭通市盐津县豆沙关"唐袁滋题刻"

昭通盐津县豆沙关"唐袁滋题刻",全称为"袁滋题记摩崖石刻",为唐代石刻,位于云南省盐津县城南30千米豆沙关山路西侧的崖壁上,即在213国道旁,为四川进入云南的交通要道,秦、汉"五尺道"的要隘之地。摩崖刻于巨岩之上,该地段地势险要,左为绝壁,隔朱提江与右面的危岩相对峙,像两扇巨大石门,扼锁通道,为咽喉之地,隋、唐时称为"石门关"。摩崖长0.44米,宽0.36米,全文共8行,每行3~21字,左7行字为楷书,末行"袁滋题"三字为篆书。

摩崖原文:"大唐贞元十年九月廿日,云南宣慰使内给事俱文珍、判官刘幽岩、小使吐突承璀,持节册南诏使、御史中丞袁滋,副使、成都少尹庞颀,判官、监察御史崔佐时,同奉恩命,赴云南,册蒙异牟寻为南诏。其时节度使尚书右仆射成都尹兼御史大夫韦皋、差巡官监察御史马益,统行营兵马,开路置驿,故刊石纪之。袁滋题。"

从内容上看,石刻主要记述了唐贞元九年(793年)南诏王异牟寻派使者请

唐袁滋题刻（图片来自自贡市盐业历史博物馆）

"段氏与三十七部会盟碑"所在碑亭（赵小平提供）

求归唐，唐遣巡官崔佐时与异牟寻会盟于大理点苍山，南诏与唐对立42年后又复归于好。翌年，唐朝派御史中丞袁滋持节赴云南册封异牟寻为"云南王"。持册御史袁滋由戎州（今四川宜宾）入滇，经石门（今豆沙关）时，有感而发，刻石记事。

袁滋题记摩崖石刻的内容与《旧唐书》《新唐书》《云南志》《资治通鉴》等史书记载一致。碑刻记载了唐与南诏关系发展的史实，是民族团结的象征，也是研究唐与南诏关系的重要实物资料，并校正了《云南志·程途篇》中的讹误。它有"维国家之统，定疆域之界，鉴民族之睦，补唐书之缺，正在籍之误，增袁书之迹"的重大历史作用。从书法上看，袁滋书摩崖石刻以方笔为主，章法沉稳、大方，《旧唐书》称其"工篆籀书，雅有古法"，具有较高的艺术价值。1988年1月，"袁滋题记摩崖石刻"被国务院公布为第三批全国重点文物保护单位。

曲靖市"段氏与三十七部会盟碑"

此碑于大理段氏明政三年（971年）立，康熙十八年（1679年）在曲靖城北石城遗址出土，碑高1.25米，宽0.58米，分上下两段：上段为正文，11行，每行13字，正书；

下段为行书，共 8 行。全碑共 403 字。现碑文大多模糊不清，且半杂方言，许多地方理解困难。它是大理段氏与三十七部结好会盟石城时的重要碑刻，表明段氏确立了对三十七部的统治权。1961 年 3 月 4 日，该碑被列为第一批国家重点文物保护单位，现存于曲靖第一中学爨碑亭内。

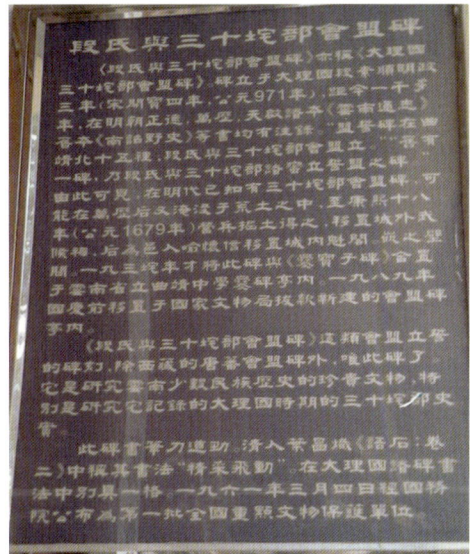

段氏与三十七部会盟碑（赵小平提供）

曲靖市会泽县陕西会馆"关中众姓捐资修建三皇阁碑"

"关中众姓捐资修建三皇阁碑"又被称为"陕西会馆功德碑"，其原镶嵌于陕西会馆三皇阁墙上，因商业部门拆建职工宿舍取下。碑属长方形横副式，青石质地，长 1.32 米，宽 0.95 米，厚 0.17 米，楷书阴刻，右行共 59 行，每行字数不等。碑文主要记述了当时官商富贾带头捐资修建会馆的事迹，同时碑文中记录了捐资的 90 多个当铺及字号，反映了当时会泽商贾云集的繁荣景象。

曲靖市会泽县娜姑镇"捐资新修蒙姑坡桥路碑"

"捐资新修蒙姑坡桥路碑"立于清乾隆五十六年(1791年),由会泽县知事蔡世忱撰书,主要记述了蒙姑坡古道对促进巧家县与会泽县之间商贸关系的重要功用,以及对刘汉鼎慷慨解囊、全力修建蒙姑坡古道善举的称赞。该碑文词流畅,刻工精细,字体清秀,全碑一字不缺,保存完好。碑旁另有"刘公桥路碑",碑由墨石制成,高1.51米,宽0.165米。碑阳正中竖刻隶体"刘公桥路"四个大字,字体双勾,上款阴刻"东川府会泽知县蔡世忱"一行,下款阴刻"乡饮大宾刘汉鼎大清乾隆五十七年秋七月上浣"一行。碑原有碑首、碑座,均被推倒散落在地,碑身保存完好。

捐资新修蒙姑坡桥路碑
(图片来自自贡市盐业历史博物馆)

"捐资新修蒙姑坡桥路碑"立于石匠房山涧南边的耕地中,墨石制作,长方形,晕首。高1.51米,宽0.75米,厚0.22米。碑文正书阴刻,右行,计20行,每行9~37字不等,全文共665字。碑座为长方体,长1.02米,高0.42米,厚0.43米,正面中部浮雕双狮滚绣球图案。

曲靖市沾益区西平镇黑桥村旁"建长虹桥碑"

沾益区黑桥,始建于唐武德七年(624年)冬十二月。一千多年后,黑桥逐渐淹没在南盘江的泥土砂石之中。咸丰元年(1851年),时任沾益州知州的邓塈为民造福利,重新建桥,并立碑纪念:

沾益之地多山,而城北大道通黔、蜀。自来远、炎方至九龙山,数十里层峦叠嶂,罗列环绕。过大觉栖云,山势顿落,地形顿低,山水爆发,河陆不分,汪洋一片,行人苦之。唐武德年间，都督韦公建山塘桥于此，俗名"黑桥"。年久倾圮，桥石尽没于红土之中。余牧是州，悯行旅之艰，道光三十年修九龙驿路，咸丰元年捐款重建城南之新桥，城北之山塘桥未整改。过涉者灭顶堪虞，余心终不安也。因亦兴工重建，江西抚郡公号亦捐百金相助，于闰八月告成。桥门凡七十有九。爰改名"长虹桥"，致数语勒石。

沾益知州邓墀撰 咸丰元年闰八月立

重建后的桥梁取名为"长虹桥"，这也是黑桥另一个名字的由来。

曲靖市富源县胜境关"鬻琴碑"

鬻琴碑距胜境坊600米，矗立于古驿道旁，碑上加盖有亭子名作"清风亭"。整块碑包括半圆形碑额与长方形碑身，高2米，宽0.8米。碑额阳刻

今鬻琴碑正面（图片来自自贡市盐业历史博物馆）

今鬻琴碑背面（图片来自自贡市盐业历史博物馆）

梅、兰作为装饰，碑身正面行书阴刻"鬻琴碑"三个大字。碑背面刻正文12行，共243字。

史载，清康熙四十五年（1706年），浙江钱塘举人孙士寅出任平彝（今富源县）知县。他清正廉明、爱民如子。六年后，孙士寅离任归乡，囊空如洗，竟然没有回去的路费，就把随身携带的一把古琴变卖作为回乡之资。老百姓感其恩德，自发出城十余里相送。后来全县人捐资在胜境关驿道旁立碑，是为遗爱碑（现不存），以纪念孙士寅。两百多年后，时任平彝县令韩再兰与拔贡李恩光编撰《平彝县志》，受孙士寅事迹的感动，决定重新刊刻石碑，并取名"鬻琴碑"，碑文："来携此琴来，去鬻此琴去。伤哉廉吏不可为！几载山城空叱驭，山城记得使君来，春满河阳花正开。外户不闲龙不吠，中泽既集鸿何哀。冰壶玉鉴清无底，心水肯教门如市。讼少庭间散吏衙，尘甑之旁朱弦起。三年课绩循良奏，百姓见肥使君瘦。长途再将羸马驱，空囊只有焦桐售。焦桐纵售值几何？此去长安道路多。黠吏胡卢掩口笑，宝山空回计则讹。吏自笑，民自哭，丰碑屹立山一麓。一行巨墨云霞章，百年正气豺狼伏。我来剥藓访碑辞，父老往往为歔欷。清风卷起万松巅，仿佛先生降灵旗。嗟嗟一碑何足异，去思德政塞天地。争似史笔照空山，刻划龚黄无多字，不见山亭羊叔记。贪夫读之当汗泚，呜呼！贪夫读之当汗泚。"如此清官，令人肃然起敬！

曲靖市沾益区白水镇"泉关碑"

泉关碑刻于清咸丰十年（1860年），原是城门关口上的匾额碑。碑为长方形，石灰石质地。长1.27米，宽0.58米。碑左右阴刻有插花花瓶，中间书"泉关"二字，右端刻有款识"大清咸丰十年庚申仲冬月谷旦"，左端阴刻"署曲靖府南宁县分防白水分司马怀裕监修"和"署曲寻协白水汛外司益州把总许国彪督造"两排小字。"泉关碑"对研究古代交通有一定价值，现存放于沾益区白水镇文化站内。

曲靖市沾益区白水镇"重修文宫碑"

重修文宫碑于大清同治十二年（1873年）立，碑高1.66米，宽0.74米。由碑额和碑身组成，碑额阳刻篆书"重修文宫碑"数字，碑身阴刻正楷碑文，记载了文宫建设的原因，毁于战火又重修的过程，同时记载了清咸丰八年（1858年）和同治元年（1862年）的两次战争及白水城毁于战火的情况，对研究清后期云南地方军事史有一定价值。其碑文记录如下：

泉邑为京师入滇第二站。地瘠民贫，向无□文帝专祠，附龛于武庙后偏殿。咸丰辛亥，山东由琢巷毛公宰南宁，会稽清元张君任分司，始率士民募建文昌官于城西。癸丑告成。丙辰世乱。戊午，吾邑失守。己未，邑人许君勋臣以军功司是汛，会同士民禀请迤东道贾、曲靖府李、曲寻协袁、南宁县廖修筑城垣二百八十丈。力役者，本街而外，四山多焉，且每数百人。阅四月而且告成。巡台给示勒石：凡城中隙地，准予村民盖住，以资守护。城南北二楼，工未竟，同治壬戌许君被害，地方叠遭蹂躏。甲子秋，蒙中丞岑公率师东下，平复曲沾，各城歼渠宥协，吾邑境内复见太平，境内之三元官、观音阁、城隍庙朽坏者，次第修葺。惟文昌官坍塌过甚，一时未能从事。西蜀薛君子扬分司吾邑，见而恻然。与邑庠邓君渐逵首以重修自任。癸酉春，兴工，中秋告竣。前有邑人署竹园汛张君名显，以许勋臣等为国出力，奋义忘身，将张树功等逆产办当得八十金为各姓竖墓碑五座。后，被平局总管将各产收去，又经张名显禀呈抚台大人岑，批饬查办，即经薛君子扬具禀，县尊德公、太尊贾公转禀，抚台禀批给示：所有张树功等逆产准入文昌官，永作香灯以杜争端，奉有府、县批札备案。薛君已左迁镇沅司狱，邓君亦考列优等入增广矣。行将别，嘱余记之。惟念天下事不难于创而难于固。泉驿丛尔弹丸，年来兵戈杂沓，得数公而废修坠举，将见士习诗书，民安耕凿，汲汲乎，有蔚起之象焉，若其种事增华，更有望后之君子谨录。捐助芳名并修费常租如后。邑庠生刘云章敬撰并书。白水巡检厅升任镇沅司厅加三级记录六次薛，都间府御即补受前署曲寻协右营白水汛花，署南宁县分驻白水巡政厅加三级记录六次吴，都间府御即补受府署曲寻协右营白水汛戴，绅士：邓云鸿、干化成、张树劲、邓云；首士：刑国荣、李登瀛、邓国荣、张多福、张明高。头人：顾心斗、许三多、张国均、钱美春、李连升、龙登云、师大升、李云阳、段有□、严具标、张明成、李运云、顾万运、王大贵、王大全、许春发、邓钟恒；乡约：胡其德、邓厦逵；乡保：邓增春、姚士美、邓云程、顾万里、臧起发、李登开；木工：邓廷瓒、臧绍尧；泥工：孟仁；石工：张发甲、张寿元、张有福全立。大清同治十二年岁次癸酉中秋月谷旦立。

该碑现存放于沾益区白水镇文化站内。

曲靖市沾益区白水镇"重修新桥碑"

重修新桥碑立于清光绪二十九年（1903年），为青石质地长方形碑，高0.87米，宽0.48米。碑文模糊不清，残缺严重，记录了清后期白水古驿道桥梁的修筑情况，对研究沾益古代交通有一定价值。碑文如下：

重修新桥碑

盖闻乘舆济人，犹称小惠，而醵金营建全仗□□□□□□，欠逯□□□淤，晴日，则河流泥泥，往来多骞受之苦。夫则山顶之忧，且地值冲路堂，孔道远达郡城，近通海□，车马驰驱之载道。若不重修，岂止临河返乡、望洋兴嗟已哉？……又言：同治癸酉秋，三未告竣，迄今车马往返坍塌之甚。幸迈下……视其恻然。会同白水绅耆报经白水司捐资成美，复修而嘱……涌协休憩巩固千秋，风水呈祥后焉者，而人文荟萃有众焉者……捐助者铭碑勒石，千秋不朽云。署南宁县分防白水巡政厅吴、沈捐□……大清光绪二十九年二月十二日立。

该碑现存放于沾益区白水镇文化站。

曲靖市沾益区大觉寺"修建大觉庵碑"

修建大觉庵碑立于清乾隆十二年（1747年），由碑额与碑身两部分组成。碑额为半圆形，直径1米，上书"善述源流"，字周围刻有玄纹与龙的图案。碑身高1.76米，宽0.82米，共刻928个字。碑文记载了大觉寺修筑年代与名称的由来。该碑现存放于沾益大觉寺中。

曲靖市沾益区大觉寺"一花堂增治常住碑"

该碑位于沾益大觉寺，立于清乾隆三十年（1765年），只有碑身，没有碑额。碑身高1.76米，宽0.78米，装饰有龙纹。碑文分为两部分，上部分为"一花堂增治常住碑记"，下部分为"增买常住田亩开后"。常住碑反映了大觉寺扩建、购买田地的过程，对于研究庙产和地方宗教史有一定价值。录其碑文如下：

天下寺观，莫多于滇。一乡一隅，莫不有之。然无名山大川，不过彼居人士礼拜祈祷之所而已。庚申岁，予来吏是邦薄书。旁午鲜有暇日。一日间，道至城北，问诸肩舆曰："前树林阴翳者，此何地耶？"肩人曰："兹越城里许，即沾之古刹'一花堂'也。"因取道及此，见丛林密茂，布置宏敞，迥非一乡一隅小刹比也。入寺而□佛像巍然，殿宇辉煌，俨然名山大川焉。心窃异之，以为此地何能有斯胜概也。览其殿旁，有碑记焉。因知此地曾有名僧风烁吼公，大者受知于前。大制台范公、王公两大人，按察许公，诸上台以道行文字为方外交。因各捐资奋其启，藏阁相楼。佛祖于此，继有嗣法高僧大朗公者，意得□烁师，心源有大学，识大器。因其前之规模而扩充增构之。予固知此地之兴□以两僧也。时有居人绅士告予，曰："兹山之灵，代有传人。前之烁师□朗师，开创承断之，列既昭然，碑记矣。今□师之徒，僧普泽者，高明有学，能以道力服人者也。僧流悦者，谆诚纯谨，能以勤修住持者也。又其嗣续门人芳美、意溇英伟柔和，将来俱能光大前烈者也。今所建钟鼎楼阁及诸法器，皆其感化诸檀越发心捐助之所致也。又，其苦行力积，新增田亩若干，故今丛林得以有此巍焕也。"□乞予一言为记。予益信兹山之灵先后皆有其人。诚非如下里偏隅礼拜之所，直等诸名山大川之列也。是为记。

　　□乾隆十四年春正月吉旦

　　奉直大夫知沾益州事　顺天高锦　撰文

　　候选州同　胡致堂　书丹

　　传临济正宗第三十六世嗣法僧：普泽、流悦

　　法徒监院：芳荣、通在、通培、芳美、芳宏、庆识、芳新

　　徒孙：远闻、远见、远怀、远彻、远滔、远续、远荣、远和

　　重孙：金瑞、金琇、金琛、金碧

曲靖市沾益区花山镇青龙寺"皇明诰授扬威将军功绩世系碑"

　　该碑位于沾益区花山镇青龙寺中，碑文抄录明征南将军傅友德及其后裔家谱，为清嘉庆二十二年（1818年）重刊。该碑对研究傅友德征云南这一历史事件有一定价值，也是研究云南傅氏一族的重要史料。其文如下：

　　余姓启自商，高宗贤相讳说祖公之后裔也。发自傅严。自后周秦汉晋唐宋元各代，不乏伟人。迨自大明太祖晬颖川侯，祖公讳友德归附，屡建奇功。后帅师南征，明攻暗渡以致克敌取胜。遂开□蜀、滇，旋师奏凯。封祖滇国公，逝，谥尽忠王。惟我鼻祖讳敬公件，元为枢密使从征，服功授陕西华阴千卫户，留守曲靖卫，建诸葛庙于曲城，铸武侯金像于正殿，治佛产崇祀纪念。后贤，复铸我祖国公金像副之，仝授馨香于万古。敬公世居大树屯择圩，祖茔于长平山。东百坟前水田一段与空闲山地佃租。租谷一石五十一半，作春秋上坟开费；一半收存、永准合族□有余，另借积聚不可无名妄费，作后人入学开科，祭祖以之办买猪羊，鼓励后人，佃户看守坟树不容砍伐。时人天枢私砍坟树大小数十棵，合族人鸣。官究，治天枢。恳祈认立碑一座，罚钱六千文，以后若仍砍坟树，合族人公逐。另，佃以缴其后。是为序。嘉庆二十二年秋月耳孙傅天禄撰书，耳孙等蒙。

先祖德庇家系繁衍仝乐善果,办理宣讲于观中。暇则遍阅古碑,见碑记载吾祖有功之名,明智义勇目为"武乡侯"复生于大明。再若七擒之功勋名图。此石间奈年远,隐晦将不认识,情愤乐刊。乃约全族长抄录其文,请将修磨重镌,显吾祖精忠面目,为子孙长久立墓之诰义。并将所知排行依次碌列以传全族,俾其迁荣兴地有其统系,不敢混犯。但自鼻祖敬公不知历其某辈。至万一、万成祖,故只万字为始。"万、金、崇、尚、起、应、云、东、德、以、发、廷、朝、兴、正、学、士、昌、佩、泽、铭、良、夕、粲、为、齐、□、美、先、登、瑞、家、祥、在、立、中、安、怀、荣、成、祖、光、明、耀、宗。"

民国二十九年庚辰应钟月耳孙傅德荣钞碌率众重镌。

曲靖市富源县"胜境关大路碑"

该碑为长方形,高 0.96 米,宽 0.56 米,碑首题"胜境关大路碑记"。立于清光绪十六年(1890 年),为时任平彝县知县韩再兰所立。

碑文记载了光绪年间胜境关驿道塌陷及维修的情况,对地方古代交通史研究有一定价值。碑文如下:

□□□□□□□□南望滇域,北瞰黔疆乌撒诸峰,如几案□□□□□□□。然目中实入滇第一门户也。□车书广被,置邮传,遂为南北通衢。由关下一线,羊肠九折于密林深箐之中。每届夏秋雨集,泥石淤泞,行人病焉。己丑冬,岑公楚卿、陈桌是邦,驺从经过,顾谓兰曰:"道之崎岖甚矣!每观天地缺憾,人能弥之。如冬寒有裘,夏暑有葛,天不禁也。子其葺斯道哉?"兰唯唯。公暇往勘计工程,自庚寅春始,越夏初告竣,镶石路五里有奇。是役也,□岑公分鹤奉为之倡,兰则捐廉筹费以成,董其事则蔡君肇渠也,然不过随处补苴而已,非敢自诩为功。盖修理桥梁、开通道路实牧民应为之事。惟询之石工,山皆泥质,石料虽坚,难必其久不陷塌。则异日之修补,更将有俟来者。是为记。

皇清光绪拾陆年 岁次庚寅孟春之吉 知平彝县韩再兰

曲靖市富源县胜境关"重建鄂文端公遗爱坊碑"

该碑建于 1933 年。碑为青石材质,长方形,高 1.78 米,宽 0.73 米,碑首书题"永护灵光"四个字。1966 年被村民移至水井边当作洗衣石,2000 年后被移送至胜境关驿站内保存,刻工略粗糙。

碑文记载了云贵总督鄂尔泰推行改土归流、造福云贵地区的史实,又描述了胜境关的自然风光,对研究改土归流和当地风景名胜有一定的价值。碑文如下:

盖闻交趾植柱,岘首勒碑,落落千百年。而马伏波、羊太傅之流风遗韵卓然,常存于天地之间。后之视今亦犹今之视昔。余重建鄂公遗爱坊,未尝不可作如是观也。我平滇南胜境，位于云贵之交，屏蔽边疆，界画天然，万山合沓，古木参天，好鸟时鸣。居民百家陶然，上古不闻战伐，山谷回转，樵牧自若。往昔，鄂文端公以雍正三年总督云贵，戡定川桂，屡奠黔疆，民得其所，烽烟以息，回戈憩马，兴文讲艺。更改土归流，消弥蛮触之争。地方感其德，建遗爱坊于此地，以纪勋劳。谚曰："德崇业竣，忠孚化成。"盖纪实也，迄今垂二百年矣！民国肇造十有四年，奉命来治平彝，适承荒歉之后，拊循不暇，奚忍劳民及盗匪相安，秋成丰稔。乃巡行四境，略事薄游此。此是坊榱栋倾圮，瓦石坍塌。伟人胜迹，几付之荒烟蔓草，怅触久之。遂慨然，决恢复旧观之志，爰名都人士商榷，经之营之，佥谓历年二百，久已失修。且中更嘉庆□变，与咸同□乱之猖獗，前哲芳躅，摧残殆尽。此坊无力修复，无怪其然。兹逢盛举，何幸如之，由是群情俱悦，各负专责，遂捐俸醵金，鸠工庀材，于役踊跃，无间寒暑。次年夏五，巍峨当涂，讵意军事倥偬，不遑落成，余即旋省，未完之处，留待后贤，差幸继起得人，卒赓续而毕，乃事顾念。余服官平彝，愧无建树，此坊之成，聊以保存名胜，不负古人而已。愿自今以始，滇黔一家，商旅通行，凼凼不惊，山河依旧，是则私心所企向者也，邑人士驰书省邸，向序予余，爰缀始末，寿诸贞珉。（民国二十二年春三月吉旦，知平彝县事会泽张培爵叙，邑人盛恩溥书）。

曲靖市富源县块泽河大桥"中流砥柱碑"

该碑为长方体碑柱，高 1.2 米，方宽 0.32 米，三面刻字，正面刻"中流砥柱"四个字，左右各有碑文，记载了块泽河大桥修建的原因、捐资修桥的金额和人员以及修桥的收支状况，对于研究地方古代交通史、了解当时物价有一定的历史意义。

曲靖市富源县块泽河桥头"悠久无疆碑"

该碑记载了块泽河桥的修建过程、经费及捐资情况，碑文如下：

今夫欲垂久远之谋者，其见地宜高，其因势取材尤宜当。苟明知任重致远者，于其前而舍，而弗用。无怪乎千金之费，每付波流也。中块泽河桥墩可睹矣。夫块泽河宜桥，岂缓固哉！缘两岸凤产铅砂，开采共铸，百奇年于兹矣。运驮由此而便，远近攸往必经，虽非通邑大都要，亦两厂咽喉之地，往来关键之区。而桥之不容以已也，故修建者代不乏人，而费亦不知凡几倍，皆不能坚稳而垂久。几经年、几数月至稳者，不过数年，鲜有不被波冲者。继用舟济，覆溺，尤为堪伤。嗟乎！何其操督频劳，而利济维艰也，果地利之难得欤？抑其见未高，取材未当焉耳。吾观夫泽河险壮，穷崖绝壁，断岸千尺，河溢而波急，亦山堪而溪苟非高梁，何能通山川之气，避汹涌之涛，以镇立无虞也？夫桥宜高，则其礅耸，何幸天驱大石，盘然中流。因势利导，允堪砥柱。一切所谓任重远以垂久安者，舍此不能。兹两厂缘善，具双眼以取材，为此桥独开生面。倡众擎以共举，为往来蹈灭顶之伤。工起于癸卯仲夏，越甲辰春而梁成，并盘石开道，约费二千金。余功甫就，适得新任熊邑侯因公经临，见规模高固，捐俸乐襄。且欣然谓众曰："是桥既成，率愿者如入山阴道中，明知人精力锐，亦须诧异惊神，事半功倍，不可谓非大石之力与用大石者之智也。然此石乃众所习见，胡早不之用而取其材也？又安柔，未免风霜剥蚀，后之人葺而修之，庶斯桥之代不朽也。"特授曲靖府正堂楚南庠生唐典撰书。

署理罗平州正堂盛老厂寿佛寺主持僧朗贤讳性照募建徒光纶孙海伦

特授平彝县正堂熊捐俸壹佰伍拾两。信士黄学圣捐银壹佰两，室人曹氏捐银十三两。信士唐胜玉捐银五十两。信士郁文凤捐银五十两零二钱。信士曹光祖捐银三十六两。信士段世臣捐银三十两。信士曹良才捐银二十两。信士乐代庆、曹光贤、袁汉臣、郁文龙、黄献珍各捐银二十两、二十两、十五两、十五两、十五两。老厂众案棹捐银十二两。石匠邹（立达、口海、富振等），木匠李志华、杨素新等。

曲靖市富源县滇疆黔界碑

该碑于2004年立于胜境关古驿道旁。界碑诗文如下：

云贵两省，同处西南，古往今来，相依相伴。
风伯喜滇，雨师好黔，滇风黔雨，共造奇观，
大千世界，规律自然。明朝初叶，始修关城，
岭号宣威，关名胜境，两峰夹峙，山恶路险，
一关横睹，虎踞龙盘。古道雄关，文物宝藏，
人类有界，环宇无疆，客观如此，主观规范，
今逢盛世，得以重堪。神州大地，热土一方，
政治经济，求同乡上，克隆神五，科教兴邦，
官府联谊，民间通商，文化交流，信息互换，
公务私访，出入平安，过去现在，海内流芳，
共创辉煌，传统继承，创新发展，山川无语，
人文久长，特立此碑，万古弘扬。

曲靖市宣威市杨柳乡可渡观音堂"重修观音堂并暂驻亭碑"

"重修观音堂并暂驻亭碑"立于清嘉庆五年（1800年），其内容主要记述

嘉庆五年扩建观音堂古寺的经过。碑为沙石质，高1.62米，宽0.92米，厚0.12米，刻文24行，1 000余字。楷书阴刻，左行。其碑所述突出了可渡在古驿道上的作用，是研究西南交通状况的重要文献。

曲靖市宣威市杨柳乡可渡河岸摩崖石刻

可渡作为"滇黔锁钥""入滇第一关"，因其独特的地理位置及重要地位，在政治、经济、文化各个方面都体现出其重要性。可渡往往成为文人士子诗词歌咏的题材，而摩崖石刻则是这种歌咏题材的凝固升华。可渡河岸摩崖石刻数目众多、内容丰富。以下列出几个具有代表性的石刻：

飞鸿竚（伫）鹤。刻于可渡河北岸旧城一侧的岩石上，距河200米，石刻面积10平方米。石刻文字以印章形式排列，阴刻，每字见方1.3米，深度约0.05米，字体笔法浑厚凝重，书风多变，隶、行、楷杂糅，具有较高的书法价值。

高山流水。刻于可渡河北岸的翠屏岩石上，相传为吴梅村所题，字靠岩石上顶。岩石半壁又有"水流云在"四字，字体较大，方丈有余，但站在崖底看，不过尺余。

云山石路。刻于可渡河北岸旧城一侧鹦哥嘴悬崖上，距离河岸道路约400米，海拔1 900米。楷书阴刻，左行，字见方二尺许，落款"见田山人"。因年深日久，书刻年代模糊不清。

椒岩洞。刻于可渡河南岸山崖上，楷书阴刻，左行，字见方二尺许，海拔2 000米。首款为"万历己丑夏"，尾款"见田山人书"，应与"云山石路"石刻同出一人之手。关于见田山人，据贵州《大定府志》载："李文龙，字见田，乌撒卫舍人也。应袭指挥，逊而弗居，常出游于外，贵州西畔九卫之地，无不周历。又工词翰，善书法，所至林壑，咸有篇章。当其兴至，辄挥札与交旧夸游览之乐，士大夫珍弃之。"

仁知之情，动静之理。刻于可渡河北岸旧城一侧桃花溪岩石上。全文共6句，"仁知之情，动静之理，桃花流水，出自人间，云影苔痕，自成岁月"。据考证，此为旅行家徐霞客名句，但不能确定此刻为徐所题，却可以猜测徐霞客可能到此游历。

飞泉喷雪。据《宣威县志稿》载："可渡河西岸里许，水石相搏，浪沸如雪，珠光喷吐，侵人衣袂。崖壁上镌有'飞泉喷雪'四个大字，不著题者姓名，亦无年月可考。"

传统聚落

古 街

凉山州盐源县卫城古镇老街

卫城镇在明代时是盐源县城所在地,明洪武初年修筑城墙,名卫城。清雍正六年(1727年)设置盐源县,直至1950年皆为县城所在地,至1951年为盐源县治所。据载,卫城城墙高二丈五尺,厚一丈二尺,周长2 000多米,有东西南北四道城门。东为崇仁门,西为正义门,南为广礼门,北为顺治门。城垣四周有城垛,每垛设炮眼三个,可谓深沟高垒、固若金汤。城中心有钟鼓楼,高约10米,民众形容是"卫城钟鼓楼,半截在天里头"。1949年以前,武官衙门(县衙)、孔庙、城隍庙、铁桩寺、儒学、柏香书院、天主教堂等建筑遍布古城的主要街道。至今仍保存了城隍庙、陈度公祠、南华宫及古城墙等遗址。

今天,小镇的沧桑与厚重并未随时间的流逝而消失,走在小镇的街巷中,仍能感受到浓浓的古镇气息扑面而来。由于是古镇老街,街道很窄,以东西街道为主,南北副巷道七条,两边的房子全部是土木架子结构,低矮的门槛,显得整条街道深邃悠长。老街承载着昔时古镇的繁荣,今天我们仍然能从古街上嗅到当年商旅熙熙的气味。

卫城古镇老街(图片来自自贡市盐业历史博物馆)

昭通古城老街

昭通古城是目前唯一最具规模、成片集中反映昭通历史文化和特色传统风貌的地区，是昭通传统市井文化、街巷风貌保护较好和街巷最密集的区域。古城建筑在两百多年的发展中，吸纳了官式建筑、庙堂式建筑、民居式建筑等方面的精华，融入了昭通当地民居建筑风格和生活居住文化习惯，逐渐形成了以清代建筑为主体又包含中西合璧建筑形式的多元建筑风格。昭通古城核心区，以辕门口为中心，老城有四门，东为抚镇门，南为敉宁门，西为济川门，北为趣马门。辕门口为东南西北中轴线的中心，是全城的制高点。到20世纪30年代中叶，城内已有大小街道64条。古城街区主要包括福禄街、怀远街、永固街、文渊街、启文街、崇义街、文化街、达智街、集贤街、薄济街、德育街、和平街等，是昭通历史文化、传统民俗的精华所在。此外，昭通城区还有文渊街大成殿、南华宫、霍承嗣墓壁画、孟孝琚碑等重要的文化遗存。

昭通古城钟楼（赵小平提供）　　昭通古城老街（赵小平提供）　　昭通古城抚镇门（赵小平提供）

昭通市盐津县豆沙关镇老街

豆沙关镇位于盐津县城西南22千米，为四川进入云南的交通要道，秦、汉"五尺道"的要隘。其老街布局较为规整，虽然有些地方进行过修缮，但仍然保持了以木结构为主的民居建筑风格，并铺以石板，老街总体面貌保护较好。

豆沙关镇老街（图片来自自贡市盐业历史博物馆）

曲靖市会泽县娜姑镇白雾村古街

曲靖会泽县娜姑镇白雾村古街被囊括于白雾街古城堡内，街道呈东西走向，长 300 余米，宽 2～4 米，由青石铺设而成。街道两旁店铺、民居林立，民居多以土木结构为主，至今未变。

白雾村古街（图片来自自贡市盐业历史博物馆）

白雾村古街（图片来自自贡市盐业历史博物馆）

曲靖市沾益区盘江镇松林村古街

松林驿城遗址位于盘江镇松林村,元代为卜鲁吉驿,明洪武二十四年(1391年)改为松林驿。松林驿城与炎方驿土城同建于天启五年(1625年)。其外侧城墙采用砖石砌筑,内侧用夯土筑成。存有东南西北四门,连接四条大街,于城中交汇呈十字形,名"十字街",十字街建有坐东朝西的魁星阁。由于战争等原因,现在仅存西门楼、魁星阁等古建筑和部分古城墙。

丽江古城老街(四方街)

四方街是丽江古城的中心,亦是传统集市贸易中心,还是茶马古道上的重要驿站、滇西北最大的贸易集市。一般听见"四方街"的名称,都会以为是四条街道,但其实四方街是一个广场,它包括街场及东至大石桥、南至百岁坊石桥、北

丽江古城四方街(图片来自自贡市盐业历史博物馆)　　丽江古城老街(图片来自自贡市盐业历史博物馆)

丽江古城老街(图片来自自贡市盐业历史博物馆)

至卖鸡巷的地段。四方街街场长68米，宽22米，面积1 500平方米。古城的街道以此为中心，通向四面八方。

丽江是茶马古道上的重镇，四方街是当年的交易集市。乾隆《丽江府志》载："环市列肆，日中为市，名曰坐街，午聚酉散，无日不集，四乡男妇偕来。商贾之贩中甸者，必至于此，以便雇脚转运。"来自各地的商人到这里进行交易，商品琳琅满目。在四方街临近的街道形成专业的商品区，而且有固定的名称。比如"埃启慈"（卖鸡处）、"川启慈"（卖米处）、"伙佩启慈"（卖菜处）、"施启慈"（卖肉处）、"培启慈"（卖麻布处）、"施布启慈"（卖棉布处）、"培梅启慈"（卖草鞋处）等。"启慈"是地方语，意为"地方、地段"。由此可见四方街的繁华。

四方街还有一个"洗街"的传统，在四方街旁边的西河设有活动闸门，每天散集之后，人们就会打开闸门，用水将街道冲洗干净。这种风俗一直延续到20世纪40年代。今天，四方街仍然是游客到丽江后的首选游览之地。

丽江古城四方街（图片来自自贡市盐业历史博物馆）

丽江市束河古镇四方街

束河镇四方街是丽江古城四方街的原型，它长宽不过30米，有四条道路通向四面八方。这里水流环绕，日中为市，是昔日丽江皮毛的主要集散地，也是丽江最古老的集市之一。街面上那些昔日被人马踩踏得光滑的石板，无疑是往日繁华的佐证。

| 束河古镇老街石条路（赵小平提供） | 束河古镇老街（赵小平提供） |

束河古镇（赵小平提供）

古镇、古村

宜宾市南广古镇

南广古镇，位于宜宾市翠屏区南部沿长江而下约4千米处，处于四川盆地南部丘陵地区，全镇面积84.4平方千米，有哪吒故里、陈塘关、僰道、盐码头、南丝绸之路等标志性遗址。

"南广"二字源于汉朝，汉武帝太初元年（前104年），为了加强对五尺道的管理和经略云贵广大地区，特意设立了南广县。宋徽宗政和三年（1113年）置庆符县，南广属之，宋宣和三年（1121年）隶属叙州。明洪武十三年（1380年）复归庆符县。清代属庆符县易俗乡。民国初建为南广乡。1952年划入宜宾市南广镇，1957年撤镇，后又改为南广人民公社。1964年划归高县，复设镇，1978年撤镇，1980年4月恢复南广镇。1983年划入宜宾市，1992年又将大益乡并入至今。

南广古镇位于"搬不完的昭通"和"填不满的叙府"之间，是金沙江与岷江汇合成长江后经过的第一个小镇，它北依黄金水道——长江，并且被一条积淀了千年文化的南广河从北向南贯穿。因为驿道与水运的便利，南广古镇成为宜宾向南与滇黔乃至南亚相通的南丝绸之路上的重要驿站，也是"滇边岸"的盐运重地。时至今日，南广古镇还存有"盐道""盐局""官盐店""鑫堆栈""盐关巷""查验局界"界桩等盐运遗迹。

民国时期，宜宾南六县（庆符、高县、筠连、长宁、珙县、兴文）、南溪、江安、屏山，以及云南二十几个县数百万人口食用的盐主要来自犍乐盐场。犍乐盐场位于岷江中游，所产食盐到达宜宾及云南各县主要依靠水运。据宜宾地方志记载，1944年，通过宜宾运输至上述各地的食盐达34 510万斤。而上述食盐有一半以上是从南广经南广河水道运出的。

南广至珙县曹营有146千米的水路，便于水路运输。但是在南广河入长江口，却有着一段约5千米的河谷，落差极大，不能通航，因此，无论是宜宾的货要进高县、珙县、昭通一带，还是云南的货要运到宜宾再到长江中下游，都需要在南广左岸近5千米的陆地上通过人力进行周转。而这一特殊情况也使南广出现了一道特殊的风景——"背帮匠"。背帮匠没有组织，有点类似现在的"山城棒棒军"，来自云南的铜、煤炭、粮食、药材、山货，来自宜宾的盐巴、丝绸、棉麻、布匹、酒、日用百货甚至糖果、海味等，在上下码头间全靠他们肩挑背扛周转。

南广镇现保存有3 000米左右的石板老街。两条老街依山而建，由青石板铺设而成，显得非常狭窄，坎坷不平，石板上布满青苔，青石板上深深的印记似乎仍在述说着当时南广老街上挑夫和马帮挥汗如雨，运出盐布、运进银铜的繁华景象。

凉山州西昌市礼州古镇

礼州镇古称"苏祁县"，位于四川省西昌市北部，距西昌仅23千米，是西昌的北大门和周边各民族进行政治、经济、文化交流的重镇。它历史悠久，西汉元鼎六年（前111年），汉武帝在西昌设置越嶲郡，辖邛都、苏示、台登、会无、定笮、卑水等15县，其中的苏示县就是现在的礼州。东汉至魏晋时期改苏示为苏祁，隋唐时期礼州设置亮善郡，宋代建笼么城。元代至元年间，西昌设立建昌路，辖九州一县，礼州便是九州之一。礼州之名由此而来，沿用至今，已有七百余载。礼州镇境内有三处古城和新石器遗址，曾出土文物千余件。

礼州古镇是古代南方丝绸之路的一大重要驿站——牦牛古道驿站，也是红军长征走过的地方，有"蜀军安营驻戍，太平军筑台吊鼓，工农红军打富济贫"等光辉史迹。1995年1月14日，经四川省政府批准，礼州镇被列为省级历史文化名镇。

现在的礼州古镇建于明代，镇内外有七街八巷和四大城门，东为迎晖门（现名新运门），南为启文门，西为宝城门，北为迎恩门。镇内多为清代砖木或土木结构建筑。另外，由于礼州居民大都是明清"湖广填四川"时从江南、湖广等地迁来，因而镇内的建筑呈现出不同的样式风格：明亮的天井，高大的封火山墙，弯曲的美人靠，

礼州古城门（图片来自自贡市盐业历史博物馆）

精巧的吊脚楼、木雕和石刻等，还有礼州古镇的两大标志性建筑物——建于清光绪甲申年（1884年）的文昌宫和具有明代建筑风格的西禅寺。

凉山州西昌市佑君古镇

佑君镇位于四川省西昌市西南安宁河畔，古时称河西、盐中、香城镇，曾是盐源县盐中分县的驻地。1987年，为了缅怀在此被土匪杀害的丁佑君烈士，正式改名佑君镇。佑君镇历史悠久，土地肥沃，长期以来就是西昌、盐源两县间的商贸重镇，也是安宁河两岸众多乡村居民的交易集市，更是安宁河西岸南下德昌、米易，北上礼州、冕宁的交通要道。

西昌地区皆食产于盐源县的岩盐，而河西（佑君镇）是食盐的主要集散地，自然而然也就成了众多商贾和马帮的集聚、食宿驿站。明、清两代，在保城河以南逐渐形成街市，清同治三年（1864年）在西盐驿道上建正街，成为河西的商贸中心。1929年建成南北向街道（今文化路），随后又在保城河上建起了颇似壮族风雨桥的保城桥，方便了商贾和当地居民。

如今，佑君镇虽然已经失去了商贸交通要镇的地位，保城桥也多是供当地人纳凉之用了，但它因见证了历史上繁荣的食盐贸易，在茶马古道上留下了深深的印记。

曲靖市会泽县娜姑镇白雾村

曲靖会泽县娜姑镇白雾村位于云南东北部乌蒙山脉中，距离会泽县城不到30千米，其连接川滇两省，是从四川会理、会东县到云南会泽县的必经之地。明清时期，由于政府对于滇铜的大量需求，白雾村迎来了经济文化的繁荣兴盛时代。当时，"京运"之铜先集散到白雾村，通过白雾村运到会泽、昭通再转运四川，由水路北上至京城，因此，白雾村即被誉为"万里京运第一站"。

在古时的白雾村，各色人等，无论是士商大贾，还是贩夫走卒，或是马帮骡队，纷纷云集于此。也正是由于商贾云集，白雾村不仅成为当时娜姑镇的政治、经济、文化中心，也成了除会泽县城之外又一个集"铜商文化""会馆文化""宗教文化"于一体的历史文化名村。时至今日，白雾村依然保存有不少的会馆、寺庙，如湖广会馆、楚黔会馆、江西会馆、通海会馆等八方商贾修建的会馆，还有财神庙、太阳宫、三圣宫、云峰寺、三元宫、张圣宫、关帝庙、圣若瑟堂等寺庙、宫观、教堂。当然，无论是会馆还是寺庙，它们不仅仅承载着历史文化价值和建筑价值，还是当时作为京运首站的白雾村经济文化繁荣景象的印证。

白雾村是古代娜姑镇经济文化中心，是川滇两地之间的必经之地。西汉武帝建元六年（前135年）设犍为郡，置堂琅县（今会泽、巧家、东川）为其所属，娜姑即为堂琅县所属。此后经魏晋南北朝，历唐、宋、元直至明清，此地仍是各政权的经管之地。明清时期由于滇铜采办，白雾村地理位置的重要性愈加凸显，因此，明代设东川土府，清朝改土归流置东川府，并建汛塘制度予以管辖。民国以后，昔日商旅不绝的铜运骡铃之声戛然而止，白雾村昔日的繁荣景象随着铜运的暗淡而失色。

但是，尽管时移世异，物是人非，今天，我们仍然可以从那些现存的文物古迹，诸如古道、庙宇、建筑上看到白雾村昔日繁荣的景象。

白雾村全景（图片来自自贡市盐业历史博物馆）

白雾村村口（王红提供）

白雾村远景（王红提供）

曲靖市沾益区盘江镇松林村

沾益区盘江镇松林村,又称黑松林、松林驿,因这里曾经是一片森林而得名。村子处于盘江坝子西南边缘,距离镇政府有7千米。它南靠沾益区,紧邻326国道,贵昆铁路穿村而过,地理位置优越。全村共有2 000户,近9 000人,实际居住人口超过1万。据查全村有姓氏183个,常住男性姓氏125个,是云南省最大的自然行政村。

秦修五尺道,从宜宾修至曲靖,松林村是进入云南的关键节点。正是由于五尺道的开通促进了物资和人员流通,使得松林村成了一个重要的驿站,从而逐渐兴起。汉朝修"朱提道",唐朝修"石门道",松林一直是连接四川与云南的必经之地。松林村最早出现在史书中是元代的《经世大典·站赤篇》,当时被称为卜鲁吉驿。明洪武二十四年(1391年),改卜鲁吉驿为松林驿,松林这个称呼正式出现在史书中。

松林古城则兴建于明天启五年(1625年)。兴建古城主要有两方面原因,一方面,天启年间滇东北地区土司叛乱,修筑松林城可以有效平叛,保障驿道通畅;另一方面,明朝中后期,进入云南只能靠滇黔驿道(东行古道),当时的云南巡抚闵洪学即上疏《请开粤路疏》和《请滇路粤、蜀并开疏》,要重开川滇、

松林古城门(图片来自自贡市盐业历史博物馆)

滇粤驿道，松林村是川滇驿道上的重要驿站，所以修筑松林城。

松林城有四座城门，连通四条大街，四条大街交汇，呈"丰"字或"卅"字形。交汇之处建有一座魁星阁。魁星阁建于明天启年间，重修于清康熙年间，坐东朝西，土木结构，为三重檐歇山顶阁楼式建筑。阁楼下东西南北互通。南北通向沾益北行古道，东西为城中道路。魁星阁分三层，第一层长10米、高4.9米，第二层长7.2米，第三层长4.8米。上有四道镂花窗子，东边的窗子上供奉着魁星神像。阁顶装饰宝瓶和双龙护宝造型。魁星阁三层屋脊逐级饰有老鸹、鳌鱼和彩凤。整个魁星阁造型优美、古朴典雅，建筑艺术精巧，文化内涵丰富，是古代建筑的佳作，于2002年被列为市级文物保护单位。

松林城现仅存西门楼。西门楼坐西朝东，土木结构，双层抬梁单檐硬山顶。两端还留有部分古城墙。一楼为城门通道，二楼为城楼，有瞭望塔可以看到松林城全貌。阁顶有青龙、彩凤装饰。1998年，村民集资重修西门楼。

千百年来，许多人南来北往途经此地，或停留、或经商、或永久居住，这里出现了各式各样的滇东民居。有三间四耳倒八尺，当地称为"倒耙齿"，三间四耳一门楼，俗称"一颗印"；还有四合五天井、走马观花楼、老鸹头等样式。普通民居沿街修建，鳞次栉比，多为两层土墼房，称为"两滴水"。"两滴水"后建有厕所、水井等。一些建筑也体现了滇东地区的特色，如禄家大院就是三间四耳一门楼，门楼为"三间四柱九斗三十二拱"，中间刻有龙纹、麒麟纹，十分精美。城外丁家大院则是三间四耳走马转花楼。另外像冯家大院留有蜈蚣脊山墙、刘家大院保存有完整的"倒耙齿"。因此，松林古城对于研究滇东地区的古建筑具有很高的价值。

丽江古城

丽江古城，又名"大研古镇"，是丽江市的中心，是中国历史文化名城、世界文化遗产。它坐落在丽江坝子中部，玉龙雪山下，被称为中国保存最完好的四大古城之一。古城始建于唐末宋初，它的兴起与茶马古道有直接关系，它几乎所有的经济活动都是围绕着茶马古道里的主体——马帮展开的。丽江古城地处滇、川、藏交通要道，古时候频繁的商旅活动促使当地成为远近闻名的集市和重镇。古城最初是在日聚夕散的乡村露天集市基础上逐渐发展而来的，最初丽江古城被称作"衣古芝"，意为"衣古地的集市"。古城是一个手工业十分发达的集镇，保存了四方街、文昌宫、净莲寺（嵌雪楼）、木府、科贡坊、仁和昌商号及规模成片的纳西族民居、商号、大宅院等传统建筑，街道较为狭窄，但非常密集，客栈、酒店尤为繁多，足以印证历史上这里的繁华。

整个古城的布局充分利用了自然环境优势，西靠狮子山，北依象山、金虹山，南向开阔平坦，形成坐靠西北、面向东南的格局，既避免了西北的寒风，又可采东南光源。站在高处看，丽江古城以狮子山为扇柄，呈扇形分布。

走进古城就会发现其设计颇具匠心。古城的水源发源于城北象山脚下的玉泉，玉泉河水到玉龙桥下，分为西河、中河、东河三条进入城中，又再分成无数股支流，穿街绕巷。古城以中河为界，分为东西二区。整个古城就形成"城依水存，水随城在"的特点。古城居民用水也因此形成不同于他处的特点。城内利用谭泉修建"三眼井"，居民用水谨遵"上池饮用，中池洗菜，下池漂衣"的原则。

丽江古城街道以四方街为中心，形成以新华、五一、七一、新义、光义五条主街为经络的布局。主要街道中心均留有广场，其中以四方街为最大。四方街的四角均有街道相通。西北有西河流过，日中为市，山货药材、农产品、日用百货琳琅满目。过去四方街在每天傍晚散集之后都要用西河的水冲洗街面，称为"洗街"。古城街巷全用有色砾石铺砌，使得街面雨季无泥泞、旱季不飞灰尘。

丽江古城（图片来自自贡市盐业历史博物馆）

古城的纳西民居也很有特色，民居建筑随地势层叠起伏，错落有致，空间舒朗和谐。古城中没有刻板的道路网，而是结合水系顺势修建道路，街巷纵横，曲径通幽。古城既有山城风貌，又有水乡韵味，结构自由活泼而又灵动。

丽江古城（张惠提供）

丽江市束河古镇

束河古镇原叫"十和院"，纳西语称作"邵坞"，意为"高山下的村寨"，是纳西先民在丽江坝子最早的聚集地之一，是茶马古道上保存完好的重要集镇，也是纳西先民从农耕文明向商业文明过渡的活标本。束河古镇在丽江古城西北方向约8千米处。这里保留有古老的村落、建筑和街道，是历史悠久的茶马文化、皮革文化和纳西民居之乡。

束河依山傍水，居民房舍错落有致，街头有一潭水，称为"九鼎龙潭"，又称"龙泉"。村庄中心有长33米、宽27米的四方街。街的西侧，有一座建于明万历年间的大石桥，是丽江境内最大的石拱桥。束河村古街附近有建于明代后期的四合小院大觉宫，是茶马古道上重要的站点。

丽江市永胜县大安乡梓里镇

丽江梓里镇是永胜县金安桥附近、金沙江边的一座古镇，是一个多民族相融合的集市，曾是茶马古道上金沙江边的重要集镇，是永胜通向丽江、永安的重要节点。古镇在山腰，现今看起来非常偏僻，交通也不便，但以前因金沙江水运和渡口的交通便利而比较兴盛，是盐源食盐转运至丽江必经的一个自然村寨。如今，镇上保存了少量的古民居建筑。

丽江市永胜县三川镇

三川镇是永胜县城和四川内地通往丽江古城古驿道上的大镇，离丽江古城约100千米，丽江、迪庆和西藏的马帮到四川，经过三川是一条重要的捷径。在旧时，四川的马帮、永胜的马帮到丽江、中甸（今香格里拉）和西藏，三川是绕不开的一个驿站。

三川镇全景（图片来自自贡市盐业历史博物馆）

三川，也叫三川坝，因桥头河、坝箐河、板山河（即盟川、济川、会川）流经坝区而得名。三川坝在明代是军屯重地，中原文化与本土文化相结合，在三川形成了丰富多彩的文化特色。除了人文景观，三川的自然资源也很丰富。

此外，三川镇地区还存在斋女这一特殊的群体。清代以后，这里出现了一群独有的信徒，就是一生不嫁、终生举家吃斋的处女，俗称"斋姑娘"，年轻的人们都称呼她们为"大孃"。各寺庙祭祀时，念经司仪的主体是斋姑娘和斋婆，这是永胜汉族信徒中的独特人群。斋女终生不得杀生，每逢农历初一、十五以及重大宗教节日吃素。中华人民共和国成立以前，三川坝几乎每家每代都有一个甚至多个斋女。

传统建筑

庙 宇

宜宾市筠连县腾达镇王爷庙

腾达镇王爷庙位于宜宾市筠连县腾达镇内,它没有一般庙宇的样子,看起来像一座普普通通的川南民居。王爷庙分为前殿和后殿,前殿是清朝道光年间修建的。它的屋顶比较独特,分为上下两层,上层屋顶较小,下层屋顶较大,两层均为坡屋顶,这种屋顶排水快、低渗漏,这种设计非常符合当地雨水多的实情,比较科学。正大门两旁的木柱上刻有一副对联,上联是"僰道乐中流圣泽光照付黑水",下联是"犀山遥拱翠神威显赫镇腾龙",中间横批是"南川巨镇"。此外,在大门两边,各有一个约高2米、宽不过1米、呈半圆形的小门,类似于山洞的洞口,小门旁的窗户也呈半圆形。

王爷庙修建之初是为了供奉河神王爷的。庙前是南广河的起点,这里曾经有一个水陆码头,从云南来的挑夫、马帮将天麻、火腿等山货运到这里,然后通过南广河的水运转到南广,再运到长江沿岸各地。而从外面运来的盐巴、棉布等生活物资运到这里后,由挑夫、马帮们再肩挑马驮回云南销售。古时,做水上生意的人都会供奉河神以保平安,王爷庙便是以前船主、水手们集资修建的,用来专门供奉当地的河神王爷,以保佑他们在水运的路途中平安、顺利。每年特定的时节,船主们都要举行庙会,祭祀河神王爷,新船下水或船只远航,船主均要去王爷庙,在王爷神像前焚香祷告,祈求一帆风顺和平安。

随着交通运输的发展,腾达镇失去了曾经商贸要镇的地位,王爷庙也随之没落。六七十年前,王爷庙成了一个公共娱乐场所,逢年过节的时候,戏班就在后院的戏台上唱戏。现在后院改成了普通房屋,王爷庙也变成了一所"老年之家",庙内三三两两的老人坐着悠闲地打着长牌,喝着茶,享受着安乐的晚年。

南广河的起点在腾达,终点在南广。南广有一座王爷庙,腾达也有一座王爷庙，但南广镇的王爷庙早已不复存在，如今，只有腾达镇这座王爷庙还在风雨中接受着岁月的打磨，向人们讲述着曾经繁荣的商贸历史。

腾达镇王爷庙（图片来自自贡市盐业历史博物馆）

凉山州冕宁县泸沽镇孙水关潮音寺

《冕宁县志》载："昔有潮音寺。"潮音寺在孙水关遗址下面，近年来已恢复重建。潮音寺缘崖而建，最陡处几乎与地面成45度角，青瓦红墙，翘角飞檐，树木葱郁时古寺隐没于山麓之中。在潮音寺后禅院的"观峡亭"内倚栏而望，由于距河道更近，只见孙水从谷底巨石的缝隙中奔流而出，发出低沉的轰鸣，犹如阵阵雷声彻响谷底，经久不衰。潮音寺之名，可能是因此而来。

潮音寺

凉山州喜德县登相营玉皇殿

玉皇殿在登相营古镇上,由于有南方丝绸之路灵关古道上的古驿站,因此登相营古镇是商旅往来于西昌与成都之间的必经之地,当时十分繁华热闹。晚清及民国时期,登相营繁荣达到顶峰,日平均客流量为1 000至2 000人次,最多时可达到3 000人次。而常年云集的商贾们经常去马王庙和玉皇殿烧香叩头,祈祷漫漫路途能够顺利,因此,这一时期也是玉皇殿香火最旺之时。

玉皇殿(图片来自自贡市盐业历史博物馆)

凉山州西昌市礼州古镇文昌宫

文昌宫位于礼州城外南街,坐东向西,建于清光绪甲申年(1884年)。整个宫宇气势恢宏,布局严谨,工艺讲究。纵三院,横三排,红墙筒瓦,古色古香。院中央修建有大理石镶嵌的"拜阅台",左面钟楼阁下为"诵经厅",右面鼓楼下为"习作室"。文昌宫内有众多精美的雕刻、壁

礼州古镇文昌宫(图片来自自贡市盐业历史博物馆)

画，大多都是关于八仙过海、三国故事和各种飞禽走兽的内容。正殿内原塑有文昌、仓颉、孔子神像，现已损毁。文昌宫自建成之日起，就与文化和教育有不解之缘，清末曾在此开办"亮善书院"，民国在这里办小学。时至今日，文昌宫仍然坐落在礼州小学内，并有部分教师居住其中，兼对其进行维护和保养。如今，文昌宫内还悬挂有一块1988年书写的"尊师重教"牌匾，保持着浓厚的文化氛围。

凉山州西昌市礼州古镇西禅寺

西禅寺是一组具有明代风格的建筑，由山门、天王殿、观音殿、佛祖殿、地藏王殿、藏经楼等建筑和保存较为完好的南方丝绸之路遗迹——天灯阁组成。各建筑就近而建、错落有致，富有历史文化底蕴。天灯阁位于西禅寺最高的建筑藏经楼顶部，建于明万历五年（1577年），是南方丝绸之路驿站的标志，设有专人管理，一年365天夜夜灯光不息。过往的行人、马帮、客商远在10千米外就可以看到闪闪发光的"天灯"，便马不停蹄，直奔礼州驿站而来。因此人们又称之为"长明灯"。清代有民谚："祖师庙天灯映峨眉，万年寺有天灯影。"另外，长征时周恩来同志曾在西禅寺下榻办公。

如今，富有时代特征的建筑和家具器物、丰富的历史内涵、特色的素斋饭仍吸引着络绎不绝的游人。

礼州古镇西禅寺（图片来自自贡市盐业历史博物馆）

凉山州西昌市佑君古镇城隍庙

位于西昌佑君古镇的城隍庙为土木结构建筑，依山而建。因古时佑君镇是盐源县岩盐运往西昌的主要集散地，故而当时有众多商贾、马帮集聚于此地。城隍庙亦因盐和商人、马帮而兴盛一时。现仍保存较好。

佑君古镇城隍庙（图片来自自贡市盐业历史博物馆）

凉山州盐源县卫城古镇南华宫、城隍庙

南华宫位于卫城镇东门，建于道光十五年（1835年），四合院布局，正殿木结构，悬山式屋顶，穿斗式梁架，系广东客家在此留居或经商的人集资修建的会馆，作为他们聚会、议事、交流信息、休闲娱乐的场所。每当庙会或其他重大节日时，八方香客、商贩蜂拥而至，戏班子会在南华宫的戏楼上连唱数日，台上笙歌悦耳，台下喝彩阵阵，一番热闹景象。现存的南华宫遗址已经被损毁得非常严重，往昔热闹非凡的南华宫戏楼已然木朽梁斜、摇摇欲坠。

城隍庙位于原古城内，古城原有58座大庙，城隍庙与当时的南华宫、孔庙、宝华庙等都是著名大庙，以土木结构为主。现仍然保存较好。

卫城古镇南华宫（图片来自自贡市盐业历史博物馆）

卫城古镇城隍庙（图片来自自贡市盐业历史博物馆）

昭通古城中的庙宇建筑群

川主庙：位于昭通城西北角，民国时改为四川同乡会馆。

陕西庙：位于昭阳区永安街，建于清乾隆二十四年（1759年），为陕西客民所建，又称"西秦会馆"，1919年重修，改称为"西北五省会馆"。陕西庙占地面积约2 800平方米，前有石质"忠义坊"，今已不存，正殿为歇山顶式建筑，前殿为卷棚顶，进门的门楼上方是一座戏台。该建筑采用了中原建筑风格，布局气势宏大，对应了中国传统建筑"四合五天井"的特点。平面组合，总体方正，强调对称，中轴明确，是比较典型的中国传统建筑式样。主要建筑布置在中轴线上，四周为廊墙及其他建筑，造型秀雅、工艺精湛。1980年，陕西庙被列为昭通市级重点文物保护单位。目前，整个古建筑已破损不堪。

陕西庙（图片来自自贡市盐业历史博物馆）

雷神庙：又称"雷祖庙"。据1934年铅印版《昭通志稿》记载，雷祖庙"在东乡距城十里"。

万寿宫：清顺治元年至咸丰五年（1644—1855年）建。万寿宫为江西会馆，共有四所，分布在今大关县、盐津县。同一时期，永善县城北也有江西会馆万寿宫。

大关城内的万寿宫在城北街中。永善县万寿宫位于景新镇回龙街西端,始建于清道光十九年(1839年),是县城唯一幸存的古庙。万寿宫为木架结构,单檐歇山顶,正宫两侧、左右两面形成天井,正宫为古戏楼,方形,四角撑柱雕龙画虎;墙壁外四周木刻精细,宫内四壁上雕刻绘画,图案多姿。万寿宫还曾是地下党永绥大边游击队的居住地。现宫前三株古榕树主干粗壮,依旧浓荫如盖。1988年10月,万寿宫被永善县人民政府公布为县级重点文物保护单位。

万寿宫（图片来自自贡市盐业历史博物馆）

南华宫:即"两广会馆",乾隆年间由广东商人集资修建。据民国《昭通志稿》记载,南华宫"在西城内,俗呼广东庙,乾隆二十一年(1756年)广东人建,今易名两粤会馆"。

曲靖市文庙

曲靖市文庙是曲靖建筑规模最大、建筑艺术最为精湛的建筑群,其中庭院、花亭、水池、天子台、牌坊等布局严谨、错落有致,较好地体现了我国古代建筑艺术。可惜的是,在1966—1976年文庙建筑大部分被破坏,现仅存大成殿。

文庙大成殿坐落于曲靖城内东门街,始建于明洪武年间,大殿坐北朝南,地势南低北高，占据整个建筑群的最高点，重檐歇山顶，抬梁式木结构建筑，占地面积500平方米。大殿建在高1米的石基之上，面阔五间约48米，进深三间约18米，前檐置装饰拱，座斗较大，共3层，直接承托挑檐，檩昂伸出外侧，雕成象鼻状，镏金。前檐梁外端做成耍头，承担挑梁。圆形金柱，柱石呈鼓形。顶为琉璃瓦，四条垂脊昂首翘起。整幢建筑造型稳重古朴而不呆板，在古柏苍松辉映下显得高大宏伟。

曲靖市会泽县文庙

会泽文庙位于县城南门外灵璧山麓，会泽一中内。始建于康熙六十年（1721年）。整个建筑群包括大成殿、崇圣祠、文昌宫、魁星阁、乡贤祠、名宦祠、明伦堂以及仪门、牌坊等，建筑面积3 436.5平方米。

会泽文庙孔子像（赵小平提供）

会泽文庙大成殿（赵小平提供）

会泽文庙崇圣祠（赵小平提供）

会泽文庙魁星阁（赵小平提供）

会泽文庙大成殿重修碑记（赵小平提供）

会泽文庙文昌宫（赵小平提供）

曲靖市会泽县娜姑镇白雾村的庙宇建筑群

会泽县娜姑镇白雾村能够成为会泽重镇、云南省历史文化名镇，与其众多的古寺庙建筑有莫大的关系。白雾村近20座寺庙矗立在区区90余平方千米的范围内，寺庙之密集可见一斑。当然，如此众多的寺庙建筑与其悠久的历史有着密切的关系。作为"万里京运第一站"的白雾村，由于铜运的兴盛而导致商旅云集，进而会馆大兴，庙宇拔地，商号林立，最终形成了今天的格局。

财神庙：始建于清乾隆三十二年（1767年），位于白雾村中北部，单座四合院建筑，坐北向南，占地面积2 049平方米。其沿中轴线依次建有月台、门楼、大殿。其中，大殿东西两侧建配殿，天井东西两侧建厢房。整个建筑地势起伏，布局严谨。门楼面阔三间，歇山顶，抬梁木结构，屋面覆青瓦。明间为山门，建于石砌基台上，二层装有雕花窗，底层装格扇门，并置木质货栏柜，为香火铺面，建筑形式比较独特。基台前又建一月台，月台宽5.1米，长5.5米，高1.2米。财神庙原供奉赵公明塑像及侍者四尊，是人们祈求生财和隆庆升平的地方，早年香火旺盛，现今全部建筑保留完整，由白雾中学管理使用。

白雾村财神殿（图片来自自贡市盐业历史博物馆）

太阳宫：又称通海庙，位于白雾村西北侧，建于清道光十二年（1832年），占地面积1 563平方米。其坐北朝南，由山门、大殿、东西配殿及东西两厢组成四合院。太阳宫为通海籍人陈氏筹资建造，故亦称"通海会馆"。宫中有保存完好的清光绪年间制作的墨石方鼎香炉一座，其正面阳刻"太阳宫"三字。太阳宫东西两厢原为陈氏家族议事之所，曾作为私塾用地，现由白雾中学管理使用。

白雾村太阳宫（图片来自自贡市盐业历史博物馆）　　白雾村三圣宫（图片来自自贡市盐业历史博物馆）

三圣宫：又称文庙。建于清嘉庆二十四年（1819年）。三圣宫系一临街而建的建筑群，坐北向南，占地面积1 991.4平方米，建筑面积1 550.3米。三圣宫沿中轴线依次建有照壁、门楼、牌坊、魁阁、大殿、东西配殿及厢房等附属建筑，共三进院落、大小七个天井。整个建筑布局严谨、错落有致，充分体现了中国古代建筑的传统风格。由于三圣宫供奉关羽、孔子以及文昌帝君，故名"三圣宫"。三圣宫自建成以来，一直是学子就读之所，原娜姑民间文化团体"崇正学"亦活动于其中。

三圣宫自建成后，除了魁阁做过修葺外，其余均保持原样。庙内现存墨石碑刻两通、墨石香炉一个、狮子一对，均保存完好。1995年2月，三圣宫被会泽县人民政府公布为县级文物保护单位，现由白雾小学管理使用。

万寿宫：又名江西庙，亦称江西会馆。始建于清道光四年（1824年），位于白雾村东北侧，坐北向南，占地面积3 464平方米，由内外山门、大殿、左右配殿及东西两厢组成，为一座大型四合院。万寿宫大殿原供奉道教许逊真君及肖公、晏公像，其上方有一神龛，祀玉皇和老子。万寿宫后为白雾村古城墙，东侧是园林。其现由白雾粮店管理使用，建筑保存较为完好。

寿福寺：又名禹王宫，俗称湖广会馆，位于白雾村东部村头，是由山门、正殿和两厢组成的一座大型四合院，像本地其他寺庙建筑一样坐北朝南，占地面积1 950平方米。寿福寺始建于明末，清道光时曾做过屋面翻修，以后又经过多次维修，但架梁仍保持原貌。殿内原有释迦牟尼、禹王、鲁班及坐、行祖君等泥木偶像。寿福寺长期以来一直被当作民间祈雨活动的场地，特别是被称为"打青醮"的庙会活动常在此举行。每逢干旱少雨的年月，或者每年三月十五日、九月十五日均举办庙会。寿福寺建筑至今保存完好，现由白雾小学管理使用并负责保护维修。寿福寺1995年10月被会泽县人民政府公布为县级文物保护单位。

云峰寺：原称圣武庙，原占地面积4 503平方米，现占地面积1 151平方米。其始建于清康熙四十七年（1708年），系补汛司李虎首倡捐奉，并亲伐林木，率众旗兵协力而建。乾隆二十三年（1758年）扩建后被称为"云峰寺"，且沿用至今。寺庙坐北向南，原为两进四合院建筑，沿中轴线依次排列有山门、圣武大殿、魁阁、观音殿和祖师殿，东西两侧又附有厢房，院中两棵古柏造就了"树能读书"的传说故事。院中还有两株相传植于明代万历年间的银杏树。大殿塑三世佛及二弟子，东配殿为大悲殿，塑观音像，两壁绘"十二元觉"壁画；西配殿为地藏殿，塑地藏菩萨像，两壁绘"十殿阎君"壁画。同时，寺庙现今保存碑刻八通，包括《仁恩李汛主生祠碑记》《创建那乌汛之碑》《云南东川营右军分防则补汛司厅王讳九赐自序》等碑文，内容丰富，为研究娜姑镇在历史上所起的作用和山川地理特点提供了实物资料。云峰寺无论是其本身的建筑艺术价值，还是其所保存的壁绘、碑刻都有不可忽视的历史文化价值。云峰寺1995年10月被会泽县人民政府列为县级文物保护单位。

三官庙：又称三元宫，属道教建筑，始建于清雍正十年（1732年），乾隆十五年（1750年）又做过修葺。其庙位于白雾村东部得胜桥旁，坐北朝南，临街而建，沿中轴线依次建有山门和大殿，大殿左右又建配殿，大殿东西两侧建厢房，是为单座四合院，占地面积391.5平方米。三官庙正殿内供奉诸葛武侯像，配殿内供三霄娘娘及婚姻司神像，三官庙也因此而得名。庙内现存乾隆十五年（1750年）立记事碑一通，碑体为墨石质，碑首阳刻二龙八卦浮雕图案，碑座已毁，碑文记述了娜姑镇的山川地理位置、民风习俗和捐资功德等内容，具有较高的历史价值。三官庙现今保存完好，由白雾粮店管理使用。

张圣宫：亦称张飞庙。建于清道光二十三年（1842年），位于白雾村东北部，坐北向南，仅有一大殿，无山门及附属建筑，原供奉张飞及二侍者像。该宫占地158平方米，系屠宰行业筹资建盖，今已毁。

天主教堂：又称圣若瑟堂。这是白雾村唯一一座教堂，位于白雾村西部，坐北向南，临街而建，由门楼、东西厢房和教堂组成，占地面积1 225平方米。天主教堂建于清光绪九年（1883年），原址位于今白雾村办事处、盘龙寺前（现为农户居住），1913年在今址新建，并增建女修道院一所（现为农户住宅），均系当年意大利传教士出资主持建造。教堂除供天主教徒进行宗教活动外，还设有西医诊所。

养济院：又称体仁院，俗称"老人房"。位于白雾村东北角，占地面积410平方米，坐北向南，包括正房三间，东面厢房三间。养济院建于清咸丰五年（1855年），由乡绅陈运泰弟兄5人捐资，乡人献地，社会贤达邹光钦经理修造。作为清代晚期娜姑镇社会福利事业性建筑，养济院屋舍尽供赤贫年老者栖息，故称"老人房"。院所又置田产、仓廪，收租以赈济镇上鳏寡孤独贫苦无依者。

曲靖市富源县文庙

富源文庙坐落于富源县中安镇太和街，始建于明正德九年（1514年），明天启二年（1622年）被毁，崇祯八年（1635年）重建。清康熙三十八年（1699年）扩建，现存古建筑基本保持清代的布局。文庙包括太和元气坊、泮池、棂星门、大成门、大成殿、魁星阁等。

太和元气坊：位于富源县太和街，坐北朝南，立于文庙正前方，为三开间门洞式牌坊，高10.1米，面阔14.6米，进深4.8米，单檐歇山顶，五级斗拱。牌坊正中上书"太和元气"四个大字，左右各书"圣域""贤关""学海"和"文澜"，造型古朴，典雅大方。

泮池：又叫"庠池"，俗称"学海"，为半圆形水池，长9.4米，水深2米。池上建有一座单孔石桥，桥长6.3米，宽1.9米。每年

富源县文庙碑（赵小平提供）

祭孔，只有考上秀才的人才能从桥上面过，称为"入泮"或者"游泮"，其他人只能绕道而行，这也形成了一种独特的奖励机制。

棂星门：位于大成殿大成门正前方，为三开间青砖牌坊，中间为棂星门，两侧坊各书"礼门""义路"，高9.1米，面阔7.6米，深2.2米。棂星又名灵星，为天上文星，传闻孔子是天上文星下凡，文庙中棂星门象征祭孔如同尊天。

大成殿：为文庙主体建筑，包括大成门、正殿、东西偏殿。大成门高10米，重檐，面阔五间。正殿为单檐歇山顶，高7米，宽20米，进深13米，面阔五间。东、西偏殿高7米，宽19米，进深6.8米，面阔各五间。庭院种有柏树、桂花树。大成殿檐下悬挂"先师庙"匾，大殿正面居中悬挂"斯文在兹"匾。正中供奉孔子塑像。

魁星阁：位于大成殿左侧，为三重檐八角亭，高17.6米，供奉魁星神像。魁星为二十八星宿之一，主管文运，所以多被读书人推崇。魁星阁正门上方悬挂"魁星阁"匾，两侧有楹联："以斗量才，问何人能肩一石；挥毫作史，看此笔可扫千军。"

文庙曾为清溪中学所在地，后学校迁出，将其作为县文化馆和图书馆。

曲靖市富源县胜境关石龙寺

石龙寺位于距胜境坊约400米的村内，始建于明万历二年（1574年），可惜早已毁坏严重，只剩遗迹。寺内原有八棵八卦树，后来都逐渐被砍伐，现只剩下一棵。这棵树与胜境坊石狮子一样，从高处看，朝向贵州一侧长满青苔，朝向云南一侧则为黄色，甚是奇特。

曲靖市沾益区大觉寺

大觉寺又名大觉庵、一花堂，位于西平镇黑桥村北邓家山顶，建于明万历十九年（1591年），"大觉栖云"是旧时沾益八景之一。寺中存有"修建大觉庵"和"一花堂增治堂住"两块碑。关于"一花堂"名称的由来，传闻是清康乾时期，一高僧驻锡大觉寺，阐释佛法，并写下《一花百问》一书，所以大觉寺也就被称为"一花堂"。

曲靖市沾益区青龙寺

青龙寺位于盘江镇大树屯村,建于明洪武十四年(1382年),清代与民国重修,为明大将傅友德之子所建。整座寺由正门、前院、厢房、前殿、中院、左右厢房、大殿和后门组成。大殿明间檐下挂有"青龙宝殿"匾额,为1939年所置。寺内存有"皇明浩授杨威将军功绩世系碑"。青龙寺为保存完好的明代佛寺建筑,具有一定的历史价值和建筑艺术价值。

曲靖市宣威市杨柳乡可渡旧城武庙

杨柳乡旧城东城门北有营山,沿山而上,有庙宇三座,依次为武庙、城隍庙、山顶庙。其中武庙以祭祀关羽、张飞为主。武庙建筑包括正房三间,外有走廊,内有大殿,其间供有刘备、关羽、诸葛亮等。山门前又有若干石阶分两层而上,布局庄严肃穆。

丽江古城文昌宫、净莲寺

文昌宫:坐落在狮子山北端,是古城内最大的庙宇。文昌宫始建于清雍正元年(1723年),至今已有290多年的历史,集道、儒、佛三教于一殿。历史上每年二月初三在该宫由地方长官、乡绅及读书学子、社会名流举行盛大的祭祀活动,祈求地方文风昌盛、人才辈出、财源广进、风调雨顺。平素民间洞经会"谈

净莲寺嵌雪楼(图片来自自贡市盐业历史博物馆)

经班"在这里进行道教斋醮科仪等法事活动。

净莲寺：在狮子山的北端，内供观音。寺内有许多传统式样的院子。嵌雪楼是净莲寺的附属建筑，为明代道光至嘉靖年间著名诗僧妙明法师所建。小楼的后窗正对玉龙雪山，是古城中观赏玉龙雪山的最佳所在。清末民初，纳西族维新派诗人组织的"桂香诗社"设于嵌雪楼中，留下许多诗词佳作。今天，这里是丽江文人学士聚会谈诗论文的地方，也是当地居民和游客烧香拜佛的地方。

丽江市束河古镇大觉宫

丽江束河有建于明朝后期的四合小院大觉宫。大觉宫的主殿虽不大，但建筑结构匀称和谐，四角房檐高挑，额枋梁木饰以各种鸟兽浮雕，栩栩如生。宫内还有壁画9幅，现存6幅，共计26平方米。这些壁画纯粹以佛教及道教故事为题材，主要描绘菩萨、罗汉、天王、仙女等圣众礼佛的画面。

因过去束河是茶马古道上的重要站点，今天，束河的大觉宫里建立了"茶马古道博物馆"。

"茶马古道博物馆"是中国第一家专门研究并展示茶马古道历史文化的博物馆，也是以茶马古道文化、束河当地风俗和普洱茶文化为主题的专题博物馆，是人们了解茶马古道历史文化的重要窗口。

会　馆

昭通古城会馆群

昭通古城毗邻四川泸州和贵州威宁，交通方便，清时来此贩运油、米、布、盐的商贾较多，旅居昭通的各乡人士纷纷利用乡土情谊建立同乡会馆，保护自身利益，因此昭通在清代曾遍布各地会馆，是远近闻名的"会馆之都"。昭通古城先后建成了一系列同乡会馆，比如：江西会馆、陕西会馆、四川会馆、贵州会馆、两广会馆、福建会馆、三楚会馆等15个规模宏大的会馆，这些会馆大都建在昭通城内商业繁盛之地，在昭通古城形成了丰富的清代古建筑群落。

江西会馆：又作"万寿宫"。

陕西会馆：又作"陕西庙"。

四川会馆：又作"川主庙"。

两广会馆：又作"南华宫"。

贵州会馆：又作"忠烈宫"，在恩安县（今昭通）城内怀远街（中大街），清乾隆二十四年（1759年）由贵州客民建。

福建会馆：又作"天上宫"，在恩安县（今昭通）城内宁尔街，乾隆二十五年（1760年）由福建客民建。

三楚会馆：又作"禹王宫"，在南城外，俗名"寿佛寺"，雍正十三年（1735年）总兵徐成贞建。乾隆三十八年（1773年）楚人增修石坊、戏台，后毁于兵。光绪初总兵全祖凯修复。

昭通市盐津县会馆群

清代盐津县也有湖广会馆、江西会馆、两粤会馆、四川会馆、贵州会馆、福建会馆。

三楚宫：又作"禹王宫"，即湖广会馆。全县共有9所：一在牛鞞寨，规模宏大，光绪二十年（1894年）经陈有章修缮，现已破坏；二在盐泉镇下滩，规模宏大，民国后因养蚕毁于火，改建公园，继设县立中学；三在落雁场，建于乾隆五十一年（1786年），庙宇宏大，前殿已毁；四在兴隆场，建于同治初年，段明钦修，1925年被土匪叶正清劫场焚毁；五在艾田坝，殿宇宏敞；六在普洱渡；七在文星乡庙口；八在大浩场；九在蒿芝坝。

万寿宫：又作"萧公庙"，即江西会馆。全县共有4所：一在上滩中街，咸同年间毁于战争，光绪十六年（1890年）彭尹言修复，至"八·一四"水灾后经彭厚昌修缮，1938年又遭焚毁；二在普洱渡，毁于水灾；三在兴隆场，1928年傅明三募修，现已毁；四在牛鞞寨，现存遗址在三楚宫侧。

南华宫：即两粤会馆。全县有5所：一在落雁场，乾隆三十一年（1766年）陈朝佐起会；二在旧治下滩，后被水灾冲没；三在普洱渡；四在兴隆场；五在牛寨老街首，现已毁。

川圣宫：又作"惠民宫"，即四川会馆。全县共有8所：一在旧治上滩中街，建于乾隆四十四年（1779年），规模宏大，咸丰九年（1859年）冬月毁于兵灾，同治七年（1868年）五月重建大殿，光绪二十四年（1898年）陈吉安带头修缮，庙貌一新，1939年被水灾冲毁；二在落雁场，正殿前有戏台；三在盐泉镇桃子坝；

四在仁富乡红椿沟；五在牛鞞寨，已毁；六在永安镇冷水溪前村；七在文星乡牛星山；八在文星乡石堰溪。

忠烈宫：又作"黑神庙"，即贵州会馆。全县共有4所：一在箭坝场场首，乾隆初年黔人来此开垦时修建，场初名庙埂，乾隆二十年（1755年）后改名箭坝，现庙已毁；二在旧治署前，后被水灾冲毁；三在牛鞞寨；四在落雁场，现庙已毁。

天后宫：即福建会馆，在旧治上滩中街，后毁于水灾。

曲靖市会泽县会馆群

据史载，在会泽铜商经济的鼎盛时期，共建有会馆、寺庙、宫观、宗祠等建筑108座，使会泽享有"会馆之城""庙宇之都"的美誉。至今，在3.6平方千米的县城内，仍保存有34座会馆、寺庙、宫观、宗祠等。会泽会馆的兴起正是追随了明清以来滇铜开采的热潮。随着滇铜的开采，为开矿求财的官绅富贾、小贩平民如洪水巨浪般涌入遥隔千里万里的会泽，这些移民包括湘、鄂、赣、皖、川、陕诸省人士，他们或相约为伴，或攀亲附友齐聚到此。为了联络乡谊，他们集资筹建了许多同乡会馆，如江西会馆、湖广会馆、贵州会馆、云南会馆、江南会馆、福建会馆、陕西会馆、四川会馆等，这些会馆的建立，不但为这些移民缓解了背井离乡之苦，也为会泽经济文化的繁荣注入了生机。

历史上，会泽会馆众多。据卞伯泽先生统计，到民国年间会泽县城共有会馆27座，其中同乡会馆15座，同业会馆12座。

江西会馆：又称江西庙、江西旅会泽同乡会馆、万寿宫。其位于县城北部江西街中段南侧，总占地面积约7 545.92平方米，建筑面积约2 594.74平方米，为会泽县规模较大、保存较完整的会馆建筑之一。江西会馆始建于康熙五十年（1711年），由江西籍人士捐资筹建，后在雍正八年（1730年）由于东川庚戌之变毁于战火。乾隆二十七年（1762年），因"顾历年既久，残颓堪虞"，"各府众姓，慨然念创始之艰难，思欲补葺而新之"，进行了大的修整。1988年又在保持原建筑整体风貌的基础上进行了大规模的修复。

江西会馆坐北朝南，沿中轴线作纵深布局，为三进两跨院，由照壁、门楼戏台、正殿、后殿四个部分组成。正殿供奉神祇许逊，后殿供奉观音大士，两尊神祇及配神均由中央美院房雨德教授于2002年按原貌所塑。古戏台可以看作江西会馆的点睛之笔，其造型别致，外观秀美，对于研究清代会馆建筑具有重要的参考价值。

会泽江西会馆大门（图片来自自贡市盐业历史博物馆）

湖广会馆：简称楚省会馆，俗名寿佛寺，由湖南、湖北两省移民所建，占地面积约 8 474.4 平方米，建筑面积约 3 127.6 平方米。今天我们所见到的湖广会馆是经历了几代人的心血才建成的。根据出土的《禹王宫碑》所载，湖广会馆始建于康熙三十九年（1700 年），由在会泽的湖南、湖北人建盖了后殿寿福殿、中殿东岳宫及两边厢房，至乾隆二十四年（1759 年）又用了七年的时间建造了前殿禹王殿及戏楼山门。乾隆三十四年（1769 年）因遭受庙火，部分建筑被毁。乾隆三十六年（1771 年），又复建兴修，整个建筑格局基本固定下来。乾隆四十八年（1783 年）又作修复。1949 年以后，会馆一直被粮食部门使用。20 世纪 70 年代，门楼戏台坍塌，因无力修建而拆除。2002 年，会泽举办第一届"钱王之乡"旅游文化节，粮贸总公司自筹资金修复了前殿及后殿，又于 2003 年修复了中殿。

湖广会馆由门楼戏台、前殿禹王宫、中殿东岳殿、后殿寿佛殿四个建筑群体组成，由于耗功之巨繁、布属之精密，其在会泽所有会馆之中是规模最为宏大的。会馆因由三楚之人所建，其殿中神祇也独具地域特色。其中，前殿供奉大禹王，中殿塑东岳大帝，后殿塑药师佛，两旁为日光菩萨和月光菩萨。湖广会馆以其格子门出名，在整个建筑结构上，其山墙为硬山顶穿斗与抬梁混合结构，具有明显的湖广建筑风格。

会泽湖广会馆（图片来自自贡市盐业历史博物馆）

贵州会馆：又称"楚黔会馆""忠烈宫""黑神庙"，始建于乾隆三十七年（1772年），嘉庆十六年（1811年）续建，1949年后一直为金钟乡政府使用，20世纪70年代因修钟屏大街而拆除后殿，2006年又由陈本和出资修复。

贵州会馆位于会泽县城东关街南侧，占地面积约5 422.2平方米，建筑面积约2 164.8平方米。会馆建筑坐南朝北，沿中轴线纵深布局，由北向南依次建有上书"千秋一指，浮屠一矢"的牌楼、山门戏台、观戏方亭、厢房、中殿、后殿等建筑。

会泽贵州会馆俯瞰（图片来自自贡市盐业历史博物馆）

会泽贵州会馆内景（图片来自自贡市盐业历史博物馆）

贵州会馆又称"楚黔会馆",因黔省籍同乡建筑会馆时资金不足得到湖广会馆的大力支持,为报答湖广会馆的大义相助而称"楚黔会馆"。贵州会馆又称"忠烈宫""黑神庙",因其馆内供奉唐代名将南霁云而得名。据传,南霁云在安史之乱时坚守睢阳,其时睢阳被围,主帅张巡派其向临淮节度使贺兰进明借兵,因借兵不成,盛怒之下,自断一指,射箭入佛塔数寸之深,因此获"千秋一指,浮屠一矢"的忠烈之名。其后南霁云被叛逆所杀,又被百姓奉为神灵。南霁云死后,其子南承嗣在黔为官,政上多善举,黔人感念,并造祠立祖,追源寻本,把南承嗣之父南霁云追谥为"贵州黑神总管荣禄大夫"。因此,贵州会馆因南霁云之忠烈而名"忠烈宫",因其为"贵州黑神总管荣禄大夫"又名"黑神庙"。

江南会馆:位于会泽县城东南侧,由江苏、安徽两省同乡筹资,始建于乾隆十六年（1751年）,至乾隆十九年（1754年）完工,历时四载。因其馆内有白衣观音殿、吕祖阁等建筑,又称白衣阁、吕祖阁。会馆占地近2 300平方米,由戏楼、关圣殿、观音殿、小戏台、吕祖阁等建筑群体组成,极具园林化布局特色。白衣阁供关羽、华佗、地藏王、白衣观音、吕洞宾等神祇。因白衣阁供奉华佗,因而常于此举办药王会。同时,吕祖阁也在每年的四月十三日举办"吕祖会",祭祀吕洞宾。

会泽江南会馆（图片来自自贡市盐业历史博物馆）

云南会馆：又称财神庙。位于灵璧山麓，文庙东侧，始建于乾隆四十三年（1778年），总占地面积约2 100平方米，建筑面积约920平方米。整个会馆由门楼戏台、前殿、后殿、两厢房组成。其中，门楼戏台面阔三间，悬挂"开元遗事"匾额；前殿是财神殿，为二重檐歇山顶抬梁混合结构，楼上供奉伏羲氏、燧人氏、神农氏三皇神祇，楼下供奉武财神赵公明；后殿为玉皇阁，重檐叠梁，为二重檐歇山顶穿斗抬梁混合结构，楼上供奉玉皇大帝，下为观音殿，故书匾额"妙空生色"。观音塑像身后的墙壁上泥塑《香山记》，内容为观音普度众生的故事，人物及鸟兽虫鱼栩栩如生，惟妙惟肖。

会泽云南会馆（图片来自自贡市盐业历史博物馆）

福建会馆：位于会泽县城东南，为与妈祖同姓的福建籍士人林熙首倡、偕同福建移民所建的同乡会馆，因其庙内供奉海神妈祖而得名"天后宫""妈祖庙"。会馆始建于乾隆初年，占地面积约2 290平方米，整个建筑包括八字照壁、门楼戏台及钟鼓楼三个殿。其中一殿为观音殿，中塑观音大士，两侧为沙观、水观；二殿为妈祖庙，左右为女娲及九天玄女；三殿为圣宫圣母殿，所塑为妈祖的父母双亲。会馆因供奉妈祖而颇具沿海宗教色彩。

四川会馆：又称"川主庙"，位于会泽县城西北二道巷西段北侧，为四川商民所建盖的同乡会馆。会馆始建于雍正四年（1726年），乾隆至同治年间又经过反复建盖重修。会馆占地面积约5 000平方米，坐北朝南，依次建有门楼戏台、中殿、后殿以及东西厢房等建筑。因川人把杨戬奉为主神，因此庙内塑二郎神塑像加以供奉。该会馆由于长久失修，现只存戏台、中殿及后殿。

陕西会馆：又称"西秦会馆""秦晋会馆"，位于会泽县城西北二道巷，四川会馆东侧，由陕西、山西籍人士于乾隆十九年（1754年）筹资修建，因庙内供奉关羽，也称"关帝庙"。会馆占地面积约5 000平方米，坐南朝北，由北而南依次为门楼戏台、中殿、后殿及两厢，呈中轴线对称布局。其中门楼戏台之后的仪门两侧有泥塑的两个拽马二神；中殿塑关羽神像，两侧塑关羽侍从关平、周仓；后殿塑观音大士。该会馆也是会泽民众祈雨丰年的场所，会泽人把每年农历五月十三日作为关羽生辰，全民均于此时往庙求雨。

会泽四川会馆（图片来自自贡市盐业历史博物馆）

会泽陕西会馆（图片来自自贡市盐业历史博物馆）

祠 堂

昭通市龙氏家祠

龙氏家祠位于云南昭通城南10千米的簸箕湾村，建于1932年，竣工于1942年。它坐南朝北，周围有高大厚实的石砌围墙，正面左右各有一座二层攒尖顶炮楼，院内左为祠堂、右为庄院，主体包括祠堂和宅院两大建筑群，并有门楼、粮仓、月牙池、花园、碉楼、网球场、城墙、护城河等附属设施，占地1.7公顷，共有大小六院，各院均雕梁画栋，系清代建筑式样，有较高的建筑艺术价值。

龙云任云南省主席前，龙老太君已驾鹤西去。1928年年底，龙云为告慰母亲的在天之灵，将母亲的灵柩迁葬于昭通簸箕湾小松山正北边，1930年在回龙湾选址建家祠。龙云修造龙氏家祠的目的是想通过对义和孝的诠释，唤起家族的荣誉感、归属感和民族自豪感，使家祠成为家族的精神家园。

祠堂是龙云家族祭祀和举行重大活动的专用场所。它由三进院落构成四合六天井，包括照壁、券门、过厅、厢、正殿。过厅前雕有"五龙捧圣"石刻，正中悬挂陈荣昌书"龙氏家祠"，正殿为单檐歇山式，覆琉璃瓦，屋脊饰二龙戏宝，殿前有石砌月台，饰栏板望柱，置有蒋中正书"封鲊丸熊"等匾额和章太炎等人题写的楹联，殿内供龙云祖先牌位。宅院为传统的四合五天井建筑，包括正房、倒座、两厢及东西两

龙氏家祠（赵小平提供）

角碉楼。整个建筑气势恢宏，构件中柱、础、隔扇、雀替、挂落等或镂雕人物故事、瑞兽芝草、博古图案，或彩绘云龙、珍禽、小景，反映了当时云南在木作、石雕、绘画等方面精湛的艺术水平。

中华人民共和国成立后，龙氏家祠发挥了特殊的作用，曾被用作干部培训临时地点，先后作为荣誉军人修养院、农业中学、财贸学校，培养了大批优秀人才。1982年12月，昭通市人民政府将龙氏家祠列为市重点文物保护单位。

昭通市卢氏家祠

卢氏家祠位于昭通永丰镇纳基块村，系卢汉为祭祖而建，占地约6 600平方米，民国年间修建。卢氏家祠属典型的四合五天井民居型祠堂，其建筑群结构对称简洁，由前后殿、左右厢组合成四合院，四角各有一小院。正殿为单檐歇山顶，前有月台，雕梁画栋。卢氏家祠现已对外开放，是昭通的重要景点之一。1982年12月，卢氏家祠被昭通市人民政府列为市重点文物保护单位。

曲靖市会泽县容氏祠堂

容氏祠堂建于民国时期，由会泽富商容瑞庭出资修建。它由大门和前院、后院共三组建筑构成，占地面积1 756平方米，是供奉容姓祖先的祠堂，1995年被列为会泽县第二批文物保护单位。

容氏祠堂（赵小平提供）

容氏祠堂后院（赵小平提供）

容氏祠堂大门和前院（赵小平提供）

宅邸、民居

凉山州西昌市礼州古镇唐家大院、杨跃华宅

唐家大院：位于礼州镇益民北街12号，坐西向东，是一座土木结构且具有江南建筑风貌的四合院，面积640平方米。

唐家大院建于清代中期嘉庆至道光年间，因为年代久远，它曾经破旧不堪。1998年，唐家大院的主人唐晋舜花了3万元买回了破旧的唐家大院，自己花钱整修，终于让这个古朴的四合院又重新绽放出光彩。

唐家大院的外墙非常有年代感，门口廊檐下是古朴精美的雕刻纹饰。推门而入，抬头便能看见一块"老九碗"字样的招牌，进门两边摆放着一些老式的桌椅家具，经过进深短而开间大的过厅，迎面便是一副明代造的福寿图屏风，古朴典雅。转过屏风，洒满阳光的天井、雅致精美的四合院便呈现在眼前。整个四合院分为两层楼，共有12间房屋，厅堂、院落、廊檐、门窗，造型考究，布局别致，雕花精美。

礼州唐家大院（图片来自自贡市盐业历史博物馆）

如今，会做生意的唐晋舜夫妇把唐家大院做成"老九碗农家乐"，接待西昌、成都、重庆的游客，一次可以容纳200人就餐，生意一直很好，唐家大院的名声也越来越大。

会泽唐继尧故居大门侧（赵小平提供）

会泽唐继尧故居界碑（赵小平提供）

会泽唐继尧故居大门前（赵小平提供）

杨跃华宅：位于礼州古镇西街，门口挂着一块"鑫悦隆园"篆字牌，牌下是六合开的大门，两边是六合开的花窗，窗饰雕刻十分精美，有一种古色古香的韵味。里面是江南水乡园林庭院建筑风格的四合院，木质结构，础石大柱，雕梁画栋，两层小楼，中间是三米见方的大天井。整个建筑采用古朴的朱红色，给人一种庄重的历史感。

曲靖市会泽县唐继尧故居

唐继尧故居始建于清中晚期，占地面积850.1平方米，坐南朝北，系硬山顶穿斗式结构，属典型的封闭式四合五天井走马串阁楼建筑群。由北向南依次建有前院正房、对厅、书房，后院仓房、厨房等共14间房。2003年，唐继尧故居被列为云南省文物保护单位。

曲靖市会泽县唐氏民居

唐氏民居建于民国初年，位于会泽古城建筑群内，属典型的四合五天井走马串阁楼特色建筑。原房主为国民党军官唐坦。唐氏民居分前后两院，后院为正院，由正房、下房、左右厢房组成，前院为附院。房顶覆小青瓦，院子铺青条石，以木结构为主，现保存较完好。

会泽唐氏民居前院（赵小平提供）

会泽唐氏民居一角（赵小平提供）

会泽唐氏民居后院（赵小平提供）

曲靖市会泽县张氏民居

张氏民居位于会泽县城二道巷九号，始建于清末，占地面积1851.9平方米。它坐南朝北，为硬山顶穿斗式结构，封闭式四合五天井走马串阁楼二进院布局，由大门前院、后院（正厅、东西书房、东西耳房）组成，2013年被列为曲靖市第二批市级文物保护单位。

会泽张氏民居碑（赵小平提供）

会泽张氏民居前院（赵小平提供）

会泽张氏民居界碑（赵小平提供）　　　　　　会泽张氏民居后院（赵小平提供）

曲靖市会泽县娜姑镇白雾村陈氏民居

陈氏民居位于白雾街中段南侧，坐北向南，占地1 171.71平方米，共两进院落，内院为传统的一颗印式四合五天井建筑。

内院正房建于石砌基台之上，基台高1.1米，置石阶7级，全用六面石砌成。正房为穿斗式木构架，单檐硬山顶，青瓦覆盖屋面。通面阔三间12.77米，通进深5.35米，檐高5.13米。檐房绘彩，进深5.6米，檐高4.05米。东西配房前有大小相同的小天井各一个，长2.7米，宽2.74米。内院有东西厢房各三间，通面阔各10.65米，通进深5.35米，檐高5米，前檐出廊1米，南面建对厅三间，与正房三间相向，通面阔12.77米，通进深6.75米，檐高5米，前檐出廊1米。对厅建东西配房各一间，大小相同，面阔3.9米，进深4.2米，檐高4.6米，配房前置小天井各一个，各长3米，宽1米。内院建筑从外观上看为一底一楼，实则是一底二楼，楼前檐设回廊串通。院中为方形天井，边长为9米，全用打制规整的六面石板按双喜图案铺成。院内前檐回廊廊柱置鼓形、瓜形墨玉柱础10个，造型别致，磨制精细。

对厅与外院相隔，明间即为内外院通道。楼层和底层均装有雕花六抹头隔扇门和斜格梅花圆形槛窗。外院天井呈长方形，东西长8.66米，南北宽7.88米。外大门开在南面照壁东侧，门楼面阔1.95米，进深1.65米，檐高3.1米。外院有东西厢房各两间，均为通面阔7.82米，通进深7米，檐高3.5米。门楼、照壁及后墙上均设有枪眼。

陈氏民居建于1945年，系民国时期白雾镇民团团首陈炳私宅。中华人民共和国成立后，土地改革时由当地人民政府没收，自1951年至1976年，为娜姑区公所驻地。

曲靖市会泽县娜姑镇白雾村传统民居

白雾村的古建筑对中原建筑文化进行了吸收与借鉴，除了庄严的会馆庙宇之外，还有那些遍布在村落里鳞次栉比的传统民居。

白雾村的传统民居主要以四合院为主，属典型的滇东北民居，体现了地方特色和文化。四合院按照"一颗印、四合五天井、走马串楼阁"的布局，依山傍水，坐北向南而建，雕梁画栋，做工精细，门楼照壁，彩绘绚丽，格调高雅，古风味浓。除了院落布局之外，其石柱也多取材于本地小田坝墨玉。墙体与门面通常是青砖灰瓦覆盖，独具江南小院清新之感。门楼之上回廊穿梭，连通整个院落，又有花窗镶嵌于阁楼之上。一般民居多是由坐北向南的正房三间、东西厢房、门面合围临街而建，其中正房多于大厅正中供奉除祖宗牌位之外的各种神像，正房两侧各一间分别用于放置卧榻和家庭杂物，东厢房可设厨房与灶台，西厢房多用于家禽牲畜养殖，院落正中多种花草杂树，往往有天人合一的哲学韵味。

当然，随着时代的变化、经济的发展，那些用土木构建的传统民居慢慢在钢筋混凝土的建筑前黯然失色。今天，白雾村的民居更多的是以钢筋混凝土建筑为主，传统民居已经非常少见了，像陈氏民居那样的典型建筑更是只剩那一处了。

白雾村民居（王红提供）

白雾村民居（王红提供）

曲靖市宣威市杨柳乡可渡关传统民居

可渡关传统民居主要沿可渡旧城街道左右分布排列，民居多为瓦屋面，土木石结构，分前后二层，前层民居沿街均有铺面，后层大多设天井，正房三间，由堂屋、燕窝、耳房，一楼一底构成。

可渡村最具代表性的民居主要是张氏、阚氏、王氏、汤氏民居。其中张氏民居占地399平方米，土木结构，走马转角楼式，为一颗印建筑，有天井和外走廊，民居结构简单、大方。阚氏民居位于可渡三甲街，而王氏、汤氏民居在旧城，均为石木结构，平列三间，中间为堂屋，两边为耳房，门对开，大门外设燕窝。以上两种民居承继了滇东北和黔西的建筑风格。

除上面的民居外，还有始建于明末天启年间的夏家民居，其在明代古城旧城内，占地140.7平方米，土木石结构，瓦屋面，穿斗式，设堂屋、耳间，梁高4.2米，檐高2米，为当时标准民房。

可渡关传统民居（图片来自自贡市盐业历史博物馆）

凉山州盐源县卫城古镇传统民居

卫城古镇老街上，很多小镇居民仍守着祖上传下的老屋，一座座紧紧相连的青瓦砖房回转绵延，翘角飞檐，高低错落，保留很好的四合院也能很容易找到。这些民居古式的青瓦黛墙在平顶的水泥楼房中时隐时现，往往有古式雕花木窗，再配以铜色的挂钩，以及堂屋正中的神龛、供桌，浓浓的古镇气息扑面而来。今天，卫城古镇每逢偶数的日子有赶场，许多靠街民居都有铺面。

卫城古镇民居（图片来自自贡市盐业历史博物馆）

凉山州喜德县登相营传统民居

登相营传统民居基本属单幢式建筑，主要有井干式、干栏式两类，层高一般为一至三层。屋面有小青瓦、木瓦板和片石三种，又以小青瓦为多。民居以土墙为主，少数用石头做围墙，有些前面作为铺面，后面住人，现普遍保存较好。

登相营古驿站民居（图片来自自贡市盐业历史博物馆）

丽江古城纳西族民居

丽江古城居民大部分是纳西族，所以，这里的民居基本是纳西民族建筑，但又因为是茶马古道上的重镇，来往有很多不同的民族，所以纳西民居吸收了汉族、白族、藏族等其他民族建筑的优点，形成了自己的建筑特色。

纳西民居建筑一般高约7.5米，为两层木结构楼房（也有少数三层楼房的），穿斗式结构，垒土坯墙，瓦屋顶，设有外廊（当地称为厦子）。根据构架形式及外廊的不同，分平房、明楼、两步厦、骑厦楼、蛮楼、闷楼、两面厦等七类。布局形式有三坊一照壁、四合五天井、一进两院、前后院、两坊拐角、四合院、多进套院、多院组合等类型，其中以三坊一照壁和四合五天井最为典型。丽江民居的构架处理十分灵活，有悬山和硬山两种屋顶形式。构架主要受力部位设有"勒马褂""地脚""穿枋""千斤"等起拉结作用的构件,整个构架呈一定斜度使柱头往里倾斜,柱根部向外展开,增强了构架的稳定性。在构架的连接点部位,根据受力的情况分别使用"两蹬榫""大头榫""半插榫",并设暗榫以利于抗震。

民居庭院还注重装饰,其重点是门楼、照壁、外廊、隔扇、天井、梁坊等。门楼有砖拱式、木过梁平拱式及木构架式三种。各家的门楼都造型生动,与整个民居的简朴形成了鲜明的对比。照壁一般有一或三滴水和一字平式两种,以三坊一照壁正房所对的天井照壁最具特色。照壁的檐部用青砖砌线脚,显得大方,线脚上还会绘制黑白素画。内部的外廊小照壁多用大理石装饰。院内天井大多用块石、瓦渣、卵石等简易材料铺地,铺砌的图案一般为"四蝠闹寿""麒麟望月""鸳鸯踩莲""八仙过海"等,这些图案寄托了屋主人的美好愿望。房屋的门窗均饰以木雕图案。此外,对梁枋、柱头、栏杆、柱础、勒脚、檐口、屋脊等木作、石作、瓦作部位也加以装饰。走廊内采用鹅卵石、五花石等原料进行装饰,图案古朴,布局严谨。

丽江古城传统民居(张惠提供)

丽江市束河古镇纳西族民居

束河的居民大部分是纳西族，因而它的民居建筑以纳西民居居多，这与丽江古城民居相似。

束河民居是纳西族建筑艺术和风格的集中体现，它在纳西族井干式木楞房的基础上，又吸收了汉族、白族、藏族等民族建筑的优点而形成。从房屋外貌上看，纳西民居外墙砌不到顶，后墙上部用板坊材料隔断，两端山墙用"麻雀台"压顶与山尖隔断，山檐悬挑显得很深远。山尖悬挂着一块很长的悬鱼板，墙体从下到上往里微微倾斜，屋面舒展柔和，房屋构造轻盈飘逸。

另外，束河地势复杂多变，地基狭窄且不规则，就地势建房是纳西民居的独到之处。户与户之间划分也很灵活，屋顶交错。

整个束河以水为骨架，因水成街，依水建房。镇里的民居高低错落，巷道路随墙转，形成连绵起伏的街道景观。

束河古镇传统民居（赵小平提供）

束河古镇传统民居（赵小平提供）

其他代表性建筑

凉山州盐源县卫城古镇钟楼

卫城古镇钟楼位于城中心，共三层，高约30米，顶层置一口铁钟为报警之用，如遇突发事件，人可马上上楼朝四方瞭望，翘檐悬挂有马铃，风过时传出叮零零的响声，满城皆能听见。曾有人将卫城比作一方印，而鼓楼象征印把子。卫城古镇钟楼这张照片是在20世纪60年代钟楼保存完好时拍下的黑白照片，从照片中依然能看出钟楼当时作为卫城标志性建筑的巍峨气势。

如今，钟楼已不复当年之盛，只剩下底座的门洞伫立在风雨中。

卫城古镇钟楼（图片来自自贡市盐业历史博物馆）

卫城古镇钟楼底座（余劲松提供）

曲靖市会泽古城铜器作坊

清朝时会泽铜铅生产规模很大，以铜铅为原料的铜器制造业因此蓬勃发展。到清朝中期，鲁机村下的盈仓街及东门城埂脚的"铜匠街"是有名的铜器生产加工中心，也就是我们所说的"铜器作坊"，铜器艺人多世代聚居于此。民国初期，仅县城及城区附近就有铜器作坊30余户。这些铜器作坊其实与平常民居无甚大差异，多以砖木或土木结构为主，四合院、三合院为主体户型，青瓦为顶，沿街布置，或坐北朝南，或坐南朝北，一楼一底，正间供人生活，铜器制作场地则设在东西厢房。这些铜器作坊打制的铜器多系庙宇或家庭供桌上摆设的香炉、蜡台及钟、锣、铍、磬、钵一类佛事用品，此外还生产铜盆、茶壶、锣锅、火锅等多种家用器具，远销省内外各地，当时以拥有"东川铜器"为荣耀。1915年2月，会泽铜器经云南省选送美国旧金山参加"巴拿马万国博览会"展销，与斑铜共享声誉，名扬海内外。

会泽铜器作坊生产的铜器产品以黄、白铜器皿和响铜器皿为主，其造型古雅，大方美观，素享盛名。其中黄铜器皿主要因在熔炼红铜液过程中加入相当数量的锌而成。相应地，白铜器皿则加入镍。而响铜器皿则是在白铜液中加入大约30%的锡而成。当然，对于著名的会泽铜器来说，最能突出本地铜器特色的还是锻打，其锻打全凭艺人熟练而精湛的功夫，这些又并非文字所能表达了。总之，会泽铜器的制作不仅要求准确的合金配料，还要求精湛的锻打工艺，因而会泽赢得了"铜都"的美誉。

铜器作坊（图片来自自贡市盐业历史博物馆）

丽江古城木氏土司府

木氏土司府(简称"木府")背靠狮子山,位于玉龙雪山的右侧,虎山的左侧。它是丽江纳西建筑的瑰宝,也是汉、纳西建筑文化交流的经典结晶。自阿甲阿得被明太祖赐姓木,封为世袭的丽江知府后,历代木氏土司都重视木府的营造。历经200多年的建设,到明万历年间的木增时期,木府已成庄严富丽的壮观局面。今天所见之木府,是1996年"2·3"大地震后重建的。

从木府的建筑中可以看到中原汉文化的身影。木府是一系列坐西朝东的建筑群,主建筑仿照北京紫禁城建制,因此木府是规模宏大的宫殿式建筑。徐霞客在观看木府之后,也不由得感叹:"宫室之丽,拟于王者。"木府中轴线长369米,从门口的御赐忠义牌坊进去,依次是演武场,商议国事的议事厅,藏书以及家族子弟学习的万卷楼,商议家事的护法厅,后是光碧楼,欣赏歌舞的玉音楼,最后是木增土司出家修行的三清殿,右侧是木氏家眷居住的颇有江南园林风格的寝殿。整个府城内,木雕、石雕、绘画和书法作品在建筑群中随处可见。

木府廨舍,可分为老廨舍、木氏勋祠和新廨舍三部分。

老廨舍的起点叫关门,为木府的头道关口,建有关门楼,有一个城门式门洞,两边为高耸的门墙,关前立一对石狮。进关门朝南约200步为头道牌坊,它是一座两柱一门的木牌坊,脚柱支撑斗拱、瓦面,前后用四面有云头的石鼓稳抵门柱,并用厚墙加紧两侧,有壮观而稳重之感。接下来为二道牌坊,其结构同头道牌坊,但东侧有院落为守防士兵驻地。从三道牌坊再南行60步为三道门,此门高6~7米,长13米左右,两边"八字墙"跨河展开。南北两门常洞开,而中门平时封闭。中门上挂有"世袭丽江木府"匾额,两边为黑底金字对联:"越自汉唐,缙笏簪缨世胄;肇兴元宋,衣冠文物人家。"北门上有一横额"辑宁边境",南门有"乔木世家"横额。门前有拴马桩、上马堆,并立一对坐狮石雕。进了三道门就是木府院(现俗称"大家院")。木府院为一进三院,第三院正中设木府大堂(议事厅),为木氏处理政务之所,南北两廨为府中公务员的办事场所。议事厅廊檐下明间和左右两个次间的门楣上各悬挂一块大匾,均书"诚心报国",但落款各有不同,中间一块是明太祖钦赐,右边是永乐帝所赐,左边为嘉靖帝赐。大厅内中央顶部还绘有水中游龙的图案。北面隔通道连四合院,为木府北宅,南面也有一四合院为木府南宅,两院皆系木氏住宅。木府占地宽阔,还包括南北两园。北园中有万卷楼，万卷楼是木氏土司读书和藏书的地方。它汲取了曲阜孔庙和北京魁星阁的设计特点，外看是两层楼阁，内里其实分三层。传统上，一楼为木氏子弟读书的私塾，二楼用作藏书之所，三楼则是土司吟诗作赋、会友观景、赏玩古董的地方。出了万卷楼，面对的就是木氏土司议论家事的护法殿。殿中间供奉的是"天地君亲师"，两侧是纳西族的神灵和始祖。殿侧壁上悬挂的是木氏土司中六位土司的画像。南园中竹林果木植于河畔，另有池潭虹桥，池中有金色鲤鱼嬉游。

木氏勋祠为第八代知府木松所建，现留世有他本人撰写的《建木氏勋祠自记》和进士张志淳撰写的《丽江木氏勋祠碑记》。勋祠坐落在狮子山东麓，与木府一样坐西朝东。该祠由正院、北院、南院三个四合院构成，并由大门及围墙形成另一前院。正院殿内供置历代木氏祖先牌位，北院为生活区，南院为客厅和书轩，藏有名人书画真迹。

新廨舍由木增在南院新建，是一组包括马鞍桥、石牌坊、大水池、玉音楼、寿星楼的宫廷式建筑。马鞍桥架在原老廨舍三道门南边的河面上，因形似马鞍而有此俗称，它横看也像一圆桶。往桥西十余步为石牌坊，上书"忠义"二字，故亦名忠义坊。这座通体石结构的大牌坊，高三丈三尺，宽二丈八尺。牌坊为三门四柱六檐式，前面立四尊石狮守护，后面有一对鳌鱼与一对云鼓抵持。坊上的"忠义"二字为明万历皇帝御赐建造。进坊门往西百余步，有一圆形大水池，为建坊时采挖建筑用土而形成的人工池，池岸垂柳拂水，池中游鱼戏于荷叶之下。过池往西约五十步为玉音楼，玉音楼立于城西门外。玉音楼造型取五只凤凰振翅欲飞之状，是木氏土司享受曼妙歌舞的专门场所。与玉音楼形成鲜明对比的是三清殿，三清殿是供木氏土司修身养性的道观。三清殿之所以著名，是因为木增土司引退之后在这里修道。整个木增时兴建的木府建筑中，玉音楼最为壮观，它建在黄山坡上，居高临下，异常奇伟，是这座宫廷式建筑群之中的"金銮殿"。据考，此楼始建于明万历二十九年（1601年），为三重檐攒尖顶阁楼式木结构建筑。楼通高20米，八角飞檐高挑，斗拱繁复，三叠共24角，因无论从哪个角度看都有5个翼角，好像5只振翅欲飞的凤凰，因此又名"五凤楼"。现存的玉音楼是清仿明制重建的。

木府（张惠提供）

护法殿（张惠提供）

忠义坊（张惠提供）

议事厅（图片来自自贡市盐业历史博物馆）

丽江古城仁和昌商号

伴随着茶马古道的繁荣,古道上也兴起了许多不同民族所建立的商帮,仁和昌商号即其中之一,是丽江有名的商号。仁和昌商号由赖耀彩开创。光绪初年,赖耀彩到中甸(今香格里拉)设号,经营山货药材,开始了仁和昌的商业之旅。后来赖敬庵继承了商号,设分号于下关、昆明、康定。除赖家人,还有其他人扩大仁和昌,比如杨嘉泽起初是仁和昌号学徒,颇精干,有才能。由仁和昌资助借给他数百元,自赶骡马三五头,做山货、药材生意,逐渐发展,至骡马二三十匹,雇佣者七八人。他后走康定、拉萨,在藏族商人和贵族间颇有信誉。西藏人称"仁和昌"为"赖家昌",也就是大资本家的意思。仁和昌商号是目前丽江古城中保存较为完整、仍在使用的老商号。

仁和昌商号(图片来自自贡市盐业历史博物馆)

丽江古城科贡坊

科贡坊是四方街的标志性建筑，也是丽江古城的制高点。清嘉庆、道光年间，古城一个小巷里的杨家一门三人中举人，"一门三举"在文化发达的中原地区不足为奇，可在丽江这样一个长期由土司统治的边陲少数民族地区，却是一桩具有轰动效应的大喜事，于是官府和民众捐资在这里建了一个两层的科贡坊。以后的科贡坊起着巷门的作用，楼上塑有土地公公像，村内的公款账簿、碗盘都放在里面。丽江在清雍正元年（1723年）实行"改土归流"，丽江从此就由封建领主社会进入了封建地主社会。社会制度的变革极大地激发了民间子弟的读书热情，从"改土归流"到清末废除科举180余年的时间里，丽江先后出了60余位举人和7位进士。清末，这个小巷里又出了丽江最后一位进士和庚吉，于是乡亲们在被烧后的原址上重树科贡坊，并增为三层。现在我们看到的科贡坊是一座风格独特的三层木结构小楼。

科贡坊（图片来自自贡市盐业历史博物馆）

非遗文化

船工号子

宜宾市南广河号子

流传于南广河上自珙县沐滩到高县、庆符，至宜宾南广镇入长江口约100多千米区段内江河上的南广河号子，是宜宾筠连县非物质文化遗产。

自秦汉时期以来，南广河作为"南丝绸之路"上重要的一段，在沟通川滇商贸往来中起了重要的作用。四川的盐、茶、布匹、百货和云南的铜、铁、锡、山货往来贸易就是通过这条遍布急流险滩的南广河进行运输的。曾经，南广河上经常有数百条船，贸易往来非常频繁，商人把货物从宜宾销往云南主要是靠水运，从南广镇的长江口到珙县的沐滩来回要三天时间。因为是上水（逆水），而且南广河滩险谷深，有九窝十八峡一百零八险滩，船只的行进就主要靠纤夫拉纤。在艰苦的拉纤过程中，为了实现最大限度用力，掌握航行速度，统一船工动作，无论是下水搬桡还是上水拉纤，必须要有一个统一的指挥，因此产生了南广河号子。

"吆嘛吆耶末——"一个高亢的声音领起，接下来是众人雄浑的呼应："——嗨嗨！"

船工号子是由号工领唱、众船工帮腔的合唱形式。领唱部分歌词除劳动号令、呼号以外，其他大多为反映船工生活、当下的水文概况、沿江两岸的山川风貌、人文地理和风土人情的语句以及民间传说、故事等，多数是历代传承下来的较为固定的词句，也有的是根据水流情况、地理环境即兴创作的。由于船工的工种不同，又分为推桡、搬桡、摇橹、拉纤等工种号子，另外又有平水、紧水、抛河、靠岸、离港、过滩等不同劳动条件和不同劳动工序的、节奏不同且风格各异的号子。歌词多为七言四句，赋、比、兴手法运用娴熟、简洁明快、音韵流畅、朗朗上口。

1957年，一群来自川南偏僻山区的纤夫带着一部特殊的"作品""闯进"北京，在中南海怀仁堂一展风采，向中国人民展示了南广河人奋力拼搏的精神力量、勇往直前的豪迈气概、战胜困难的决心、对美好生活的憧憬和粗犷而不失幽默的性格……这部后来被大家熟知的作品就是《南广河号子》，它堪称川南民歌的瑰宝。

新中国成立后，随着交通运输条件的改善，机动船逐渐代替了木船，公路运输也有了巨大发展，古老的木船航运业逐渐失去竞争能力和生存空间，昔日拼急流、闯险滩、手爬岩石肩拉纤的船工的身影和那些动人的号子声也渐渐离人们远去，而随着那一代纤夫的消失，南广河号子即将失传，传承人一代代减少。作为南广河号子为数不多的传承人之一的李华友，现是南广河船工号子演唱队领腔人，他带领的南广河船工号子演唱队在县里组织的多次大型文艺演出活动中深受广大群众喜爱。

如今，偶尔有几位老人坐在南广河边，一边喝茶，一边吼号子："南广河水清又清哟！闪白的鱼儿似星星啰！蓝蓝的天空碧如水哟！青山映水水更蓝啰！"南广河号子已经成为一种传统文化，渗透进南广河人的骨髓里。

饮 食

凉山州西昌市礼州古镇的饮食

礼州古镇吸引人的除了它古色古香的美景，还有它堪称一绝的特色小吃：挂面、汤圆粉、豆腐、豆瓣、凉粉、李油糕、张豆腐脑儿、文珍珠粑、陈冰粉、王糍粑和灯盏窝等，这些形式各样、味道不同的特色小吃带给游客一种美的享受。

王凉粉："礼州王凉粉"是礼州古镇一家颇有名气的小吃店，他家主要经营油茶、米凉粉、荞凉粉、豌豆凉粉、凉面、卷粉、冰粉等。凉粉、凉面、卷粉本身是没有味道的东西，要做得好吃，调料是至关重要的，他家的调味恰到好处，盐、味精、花椒、姜蒜水、酱油、醋、辣椒油每样都拿捏得精准，特别提味的是他们还加了泡豇豆碎和花生。花生不是用油泡着的那种花生碎，而是把洗干净的花生用熟油炸过以后，简单"碎"过的"大块头"，吃起来又脆又香，让一碗凉粉的味道变得丰富了不少。

油干儿：这是使用糍粑加上红糖、豆沙、盐等做成的，分甜和咸两种口味。

甜的油干儿是用糍粑和红糖、豆沙做的，所以有白色和暗红色相错的一圈圈的图案；咸味油干儿里面加了盐和洗沙，外皮被炸得金黄酥脆，吃起来外酥里嫩，是很多油炸食品所不能及的。糍粑的软硬度要适当，炸的时间掌握到位才能炸出香糯松脆的口感。

毛血旺：将新鲜血旺倒在沸水里煮熟捞出，配上自制的蘸水，蘸水里面放入了小米辣、香油、花椒、香菜等香料，又红又艳，味道香浓。滑嫩、滚烫的血旺蘸上这样的蘸水，放在口中，轻轻一抿，又鲜、又香、又辣！

墩子肉：这是清代中期四合院建筑唐家大院"老九碗农家乐"的招牌菜，又称"东坡肉"。选料、制作都很讲究，慢火炖、少水。这样做出来的墩子肉颜色红亮，浸着酱色的油汁，非常入味，油荤重、猪肉香，一口一块正好。

香肘：将上好的猪肘子烧得软烂，再浇上豆瓣、辣椒、姜蒜等炒制而成的红油汁，连皮带肉的吃上一块，入口香糯。

香碗：用黄花菜、木耳丝、海带丝做底，把蛋包圆子切成片，均匀码在上面，上抽屉蒸，蒸好之后，香气四溢。

西禅寺素斋：礼州是南方丝绸之路上的大驿，南来北往的客商均在此进餐，渐渐形成了西禅寺素斋品种多样、取材广泛、口味丰富的特点，素斋分为"烹、蒸、炒、烧、炖、卤、煮、拌、腌"等9个系列，有多达上百个素菜菜品。

除此之外，还有味道清淡、回味无穷的板栗小肠，不油不腻又麻辣鲜香的凉拌鸡等。

昭通古城的饮食

古代昭通由于地僻人少，种植的谷米蔬菜除去自给之外常有盈余，且物美价廉，"咸称乐土"。这里主要种植洋芋（马铃薯）、洋瓜、苞谷（玉米）等，特产有苞谷酒、洋芋羹，被称之为"二美"。

昭通酱：昭通酱是昭通的乡土特产，也是昭通城乡

昭通酱（胡月提供）

人民老少咸宜的调味佳品。昭通酱的制作时间多在冬季，以大豆、辣椒作为主料，以花椒、茴香、芝麻、八角等作为辅料，用昭通大龙洞矿泉水反复发酵，几晒几露，使之鲜润油亮、美味可口，有丰富的乳酸、氨基酸等营养成分。昭通酱颜色呈棕褐色，麻辣醇香，回味略甘，可作为调味品，用于荤菜可化解油腻，用于素菜可增加荤香，也可单独佐食，有增进食欲、调和口味之效。

昭通油糕饵、稀豆粉：昭通油糕饵、稀豆粉是昭通小有名气的小吃，深受昭通汉、回、彝族人民的喜爱。昭通油糕饵是把烤好的饵块涂抹上辣椒酱、甜酱、花生酱，再放入油糕包起来，这样就使饵块的软糯和油糕的酥脆还有辣椒的香辣完美地组合在一起，让人回味无穷。昭通油糕饵经常配合昭通稀豆粉一起吃。稀豆粉是把豌豆磨成粉面后再加入生姜、葱花、辣椒面、花椒面等佐料精心熬制而成，把油糕饵泡在稀豆粉里吃，柔滑细腻，营养丰富，利于消化。昭通油糕饵和稀豆粉常被昭通人民当作招待贵宾的佳品。

昭通酸菜红豆汤：昭通酸菜红豆汤是昭通人民饭桌上一道百吃不厌的菜肴，上至大酒店，下至街边小铺，都能吃到酸菜红豆汤，因其做法简便、酸爽可口，可以说是大街小巷、老少咸宜的一道菜。昭通酸菜红豆汤豆子软而香，红豆有疏风清热、润肤养颜的功效，酸菜酸而脆，可以开

昭通酸菜红豆汤（赵小平提供）

胃健脾，汤酸辣可口，令人胃口大开，因此远销省内外。

昭通凉粉：昭通凉粉是当地人民日常生活中经久不衰的主打食品，包括苞谷凉粉、荞凉粉、豌豆凉粉三大类，豌豆凉粉最受大众喜爱，占领了大半凉粉市场。豌豆凉粉是将干豌豆去皮，用水泡发后，掺水磨成浆，经过一系列的过滤、熬煮成糊状，冷却后凝固而成。之后加上葱花、蒜水、香油、油辣子、芫荽、自制的酸汤，吃的时候把佐料拌匀，豆香浓郁、香气扑鼻、筋道爽滑。

昭通油糕：昭通油糕是昭通人民的传统小吃，人们常把油糕当做早点。昭通油糕主要选用昭通当地生产的洋芋作原料，把洋芋煮熟后切碎，裹上一层薄薄的米浆，然后放在油锅中炸成金黄色捞出。炸好的油糕色泽金黄，内里软糯香甜，

外围香酥爽脆,让人一吃难忘。

洋芋全席:在昭通,可谓"无洋芋不成菜"。昭通的洋芋全席大致做法有:煎洋芋饼、炒洋芋丝、老奶洋芋、酸菜洋芋汤、洋芋焖饭、炸洋芋片、洋芋圆子等。

酥红豆:酥红豆在昭通是备受老百姓喜爱的佳肴,也是一道传统名菜。酥红豆主要是将水中煮好的红豆放入油中炸至酥脆,然后再把干辣子、葱、生姜、剁肉炒香,放入炸好的红豆中,最后放入酱油、花椒、白糖、味精等调料,下锅快速翻炒,起锅装盘。酥红豆酥脆鲜香,十分受昭通人民的喜爱。

昭通凉粉(赵小平提供)

昭通油糕(赵小平提供)

昭通市盐津县的饮食

自古以来,盐津受中原文化、荆楚文化、巴蜀文化、僰文化和古滇文化影响,形成了独具特色、独领风骚的"三川半"文化,在饮食上表现为博采众家之长的风格。

盐津竹笋:盐津竹笋是盐津县的特产,也是盐津县人民餐桌上的家常菜。盐津县的竹类资源品种较多,大致有水竹、楠竹、苦竹、斑竹、罗汉竹、黄皮竹、硬头黄竹等,每年可产约10 000吨的鲜竹笋、220吨的干竹笋。盐津县最出名的产竹地区是新生村,竹子种植面积达到1 000公顷。

盐津豆花:盐津豆花是盐津县人民日常生活中的一道家常菜,更是盐津县的一道地方名菜。盐津豆花香滑爽口、营养丰富。其好吃的原因之一在于盐津豆花的原料好,盐津的豆子长在滇东北的乌蒙山区,阳光少但地热充足,个头比东北大豆小些,但是味道却并不逊于东北大豆,用盐津县特有的豆子磨浆点出来的豆花自然美味。其好吃的第二个原因在于拌豆花的辣椒,盐津县豆花所拌的辣椒不同于一般的辣椒加葱蒜,而是做成肉丸子辣子,这样拌出来的豆花味道就上了一个档次。

芭蕉芋:芭蕉芋在盐津县农村广泛种植,具有用途广且高产的优点。盐津县的一些乡村加工企业将芭蕉芋加工成淀粉,然后用于食品加工,生产出味精、葡萄糖、粉丝、代藕粉等食品。芭蕉芋淀粉还可用于造纸、制鞋和制作文化用品等领域。芭蕉芋淀粉制造后留下的酒糟和芭蕉芋杆还被当地人们当作猪饲料使用。

酸辣鸡枞汤:云南盛产各种名贵菌,鸡枞是云南人餐桌上必不可少的美味,而昭通盐津县的酸辣鸡枞汤则别有一番风味。鸡枞有"菌中之王"的美称,明代杨慎曾把鸡枞菌比作仙境中的琼汁玉液。鸡枞菌的味道十分鲜美,质地脆滑细嫩。酸辣鸡枞汤不仅味道鲜美爽口,而且营养价值十分丰富,能补充人体所需的氨基酸、维生素,有益胃、清神、治痔的功效。

桐子粑:这是由大米制作而成的一种美食。盐津县人民将大米经过浸泡、打浆、发酵之后,加入猪板油、糖等佐料,再用端午节前后的桐子叶包裹,经过蒸制,会有淡淡的桐子叶香味配合猪板油的醇香,香甜美味,回味无穷。

曲靖市会泽县的饮食

作为商贾云集的会泽,较早便与中原地区的文化接触,其政治、经济、文化

会泽炸洋芋（赵小平提供）

上都体现出了极大的交融性，其饮食文化也别有特色。从饭类说起，会泽人喜爱五谷杂粮，如苞谷饭、荞饭、小米饭、麦饭等同大米一样，也是会泽人常吃的主食。就肉类来说，猪肉不可或缺，它有着宣威火腿的风味，又得益于滇东北食肉技巧的真传，火腿、红烧肉、小炒肉、炸排骨、腊肠、凉拌猪肝，品类繁多，味道丰富。鸡肉也是会泽人的最爱，洋芋鸡、天麻鸡、清汤鸡、黄焖鸡、凉拌鸡，各有吃法。就蔬菜来说，会泽县大井镇被誉为"蔬菜之乡"，菜类齐全，难以枚举。从佐料来说，乐业的辣子沿山傍水，遍布广种。总而言之，会泽的饮食品类俱全，而当地最有名、最大众的美食有：

会泽炸洋芋：会泽大街小巷都能见到炸洋芋。洋芋削成块后放在大油锅中炸，炸出来的洋芋颜色金黄，香脆可口。会泽每天的炸洋芋销量很大，并形成了一些历史较为悠久的著名炸洋芋店，如"洋芋西施"等。

会泽稀豆粉：会泽稀豆粉制作非常讲究，选用当地上乘的豌豆用文火慢慢炒熟，再用石磨磨制成粉，滤出死皮大块，食用时加清水均匀搅拌煮热便成。稀豆粉的主要配菜是荞丝，制作时先把荞面做成薄片，再用松树枝慢慢烘烤，非常讲究火候与温度。这样，切出来的荞丝便具有松树的那种自然清香。食用稀豆粉时，可以随心所欲配些油条、洋芋粑粑等炸食，再加一勺生姜、一勺胡椒面，搅拌均匀，一碗大杂烩的稀豆粉就形成了。

曲靖市沾益区的饮食

沾益主食大米。上午吃米线、饵块等"早点"，中午下午都吃米饭，称为"早饭"和"晚饭"。

沾益辣子鸡：沾益辣子鸡选料讲究，配方独特，辣而不辛，辣中有香，香中带辣，几十年间风靡整个云南，成为沾益饮食的一道招牌菜。

关于辣子鸡的来历，还有两个传闻。第一个是沾益西平镇龚国富、丁丽琼夫妇经营小店，在贵州辣子鸡的基础上创出沾益辣子鸡来。第二个是龚国富的妹妹龚红云，在春节炒鸡肉时，不小心将一碗辣椒面翻入锅中，结果炒出来反而十分不错，辣香独特。

沾益小粑粑：即云南特色糕点，俗称"小粑粑"。根据用料不同，名称也不同，用火腿馅料做成的称为"火腿砣"，用豆沙、白糖做成的称为"四两砣"。小粑粑相传是明永历皇帝西狩云南的时候不思茶饭，厨师就用当地宣威火腿切碎，拌以蜂蜜、糖等制成糕点供皇帝食用。因为形状浑圆像砣一样，所以厨师起名"火腿砣"。永历皇帝吃后赞不绝口，就流传了下来。小粑粑外皮是棕红色的硬壳，内里包裹馅料，入口酥松脆软，风味独特。

沾益胡辣鱼：胡辣鱼最早流传于沾益龙华鲜鱼店，一经推出，便风靡了整个曲靖。

花山带皮羊肉：此即黄焖羊肉，其特色是选用大羯羊，宰杀后不去皮，斩成小段，黄焖即可。

富源全羊汤锅（赵小平提供）

曲靖市富源县的饮食

富源酸菜：富源酸菜的做法不同于一般酸菜。首先，将萝卜和小青菜洗净，切成细丝或小段，用热水焯一下，加少量的淀粉或玉米粉，捞出沥干水，放在火炉旁，过一夜就好，不添加任何佐料，原汁原味。新做成的酸菜一般还要加入一点老酸菜汤，当地人称之为"脚子"，用于酸菜发酵，类似于北方发面用的老面、面头。每家的"脚子"不同，做出来的酸菜味道也不同。在富源酸菜中，以铁翅踩缸菜和墨红阿依酸菜最出名，其中还有"阿依酸菜不用淘，阿依姑娘不用瞧"的俗语来盛赞墨红阿依酸菜。

富源酸菜最具有代表性的吃法是酸汤猪脚火锅。选用干净猪脚切小块，文火慢炖，再加入酸菜和其他配料一起煮成火锅，酸爽开胃，猪脚健脾益气，又美味又健康。

富源全羊汤锅：富源全羊汤锅的关键就在一个"全"字，选用本地山羯羊，宰杀后去皮去毛，将羊头、羊脚、羊排、内脏，连骨带肉一起煮，直至骨肉脱离方熟。配上辣椒、花椒、葱、薄荷等制成的蘸水，肉香浓郁、辣香四溢，以富源县小街子全羊汤锅最为正宗。

富源则黑酒：富源则黑酒始于清中期，民国后享誉滇东。因为主要生产地在富源县营上镇则黑村，故取名则黑酒。它以玉米为原料，加入山泉水，以传统工艺制成，清澈透明、入口甘醇、回味绵长。

富源酸菜（赵小平提供）

富源酸汤猪脚火锅（赵小平提供）

曲靖市宣威市的饮食

宣威的饮食与会泽县相似，并无甚大差异。当然，由于宣威地区略有差异的地理环境，以及宣威人民的独特智慧，宣威地区的饮食又是同中有异，别有风味。其中，宣威火腿全国闻名。

宣威火腿：宣威火腿因产地得名，是云南具有悠久历史的名食之一。宣威火腿因加工制作后形似琵琶又称"琵琶腿"。其色泽鲜艳，红白分明，瘦肉红如赤焰血浆，咸中稍甜，肥肉晶莹剔透，香而不腻。能制作出如此色香味俱全的宣威火腿除去地理的次要因素外，主要还得益于宣威人民的勤劳智慧。宣威火腿的腌制从每年霜降的杀年猪开始，新鲜的猪后腿从猪身体上经屠夫独特的手法呈弧度轻轻取下，这时取下的后腿需要放于阴凉的室内，放置至少5小时，待到后腿温度降低，用力挤出其血管中的淤血，方可进行腌制。腌制的腌料比较普通，就是我们平日所用的食盐（最初用黑井食盐腌制）。而腌制的方法就相对复杂，其腌制手法有搓、揉、压、按，腌制顺序从蹄到肘、先皮后肉，盐量要均匀，手法应有势，最后温度应适中，再阴凉风干，待到立春结束或小寒节令之后，便能成食。

宣威火腿的吃法多样，可蒸、可炒、可炖，但做法上又各有讲究，急用之时便切成轻薄小片或蒸或炒，缓用时，便烧刮再炖。当然，无论采用何种吃法，宣威火腿都是非常美味的。除去荤味的火腿，再配点清香素雅的宣威菜豆花也是别有风味。

宣威菜豆花：豆花，俗称"豆腐脑儿"。而菜豆花，即混有蔬菜的豆腐脑儿。宣威菜豆花的做法并不复杂，首先，将金黄色珠儿般大小的黄豆加水磨制成浆，滤去豆渣，将剩下的浓浆用大火煮开，再投入相当数量且切成细条的白菜，小火慢煮，浆与菜凝固胶着，便是一道清香扑鼻的宣威菜豆花了。

宣威火腿（赵小平提供）

丽江古城的饮食

丽江人平常的饮食，主要由以下几个系列组成：

粮食制品系列：由当地粮食品种制作的食品，如面饼、面条、馒头、炒面、米饭、凉粉、饵块、糍粑、粉皮、豆腐、苞谷粑粑等。

果蔬系列：由当地的瓜果蔬菜制作的菜肴，如土豆、白菜、青菜、萝卜、青豆等制作的炒菜、炖菜。

肉食系列：其中又有鱼虾类、禽类、畜类等，如酸辣鱼、清汤鱼、清炖鸡、黄焖鸡、清炖羊肉、红烧羊肉、烤乳猪、火腿、腊肉、蒸乳鸽等。

野菜系列：主要由本地所产野菜制作，如蘑菇、木耳、竹笋、蕨菜、竹叶菜、山药、魔芋、香椿等。

乳制品系列：主要有酥油、乳扇、乳饼等。

药膳系列：主要由天麻、三七、虫草、燕窝、附片、党参、当归等中药与肉类煲炖而成。

糕点系列：有月饼、发糖、酥饼油线、麦芽糖，以及由香橼、苹果、南瓜、胡萝卜等制作的蜜饯，用蜜糖腌制的梅、杏、李、枣等。

由于丽江气候凉爽，特别是早晚较冷，所以当地人在制作菜肴时喜炖煮，尤其喜欢火锅食品，民间有"三叠水"之称，即以火锅为中心，以大碗和盘子构成高低错落、层次分明的食品方阵，让铜火锅、炭火增加和和美美、热气腾腾的饮食气氛。

丽江民间特色小吃有：

油炸糯米粑粑：将常年备用的糯米粉加水和成面团一般，捏成小圆饼在热油中煎炸，蘸糖而食，香甜酥脆，是纳西人的待客快餐。

酥油茶：酥油由牛奶提取制作，以牦牛酥油为上品。先煨好茶物，在特制的酥油桶中放入核桃仁、花生米等香料，加酥油、盐、鸡蛋等，冲上茶汤，用"打茶棒"上下捣动，直到水乳交融为止，酥油茶是高蛋白、高热量食品，提神醒脑，最适于在寒冷季节使用。

凉粉：凉粉一般是盛夏食品，由豌豆、鸡豌豆等制品为佳，可以凉拌，也可以油炸热烩，还可以炒韭菜食用。有一种冰冻后晒干的"霜扎凉粉"，制作独特，味道鲜美，属丽江特产。

米酒：由大米、小麦、苞谷等发酵而成，可以生食，也可以熟食，熟食时先将水烧开，然后将米酒、鸡蛋、糖、元宵等放入，煮熟食用。一般纳西人常年备有一大罐，随时食用。

丽江市永胜县三川镇的饮食

永胜县三川镇是个多民族居住的地方，有彝族、普米族、傈僳族等少数民族，还有汉族。由于是多民族杂居，因而这里有许多富有特色的美食。

程海鱼妙吃：程海因水质优良，所产鱼肉质鲜美，最著名的是白条鱼、红翅鱼、鲤鱼、鲫鱼等。当地人会用各种方法做着吃，其中用豆腐煮白水鱼、蘸辣椒水最有特色。

他留粑粑：他留粑粑是用糯米做的，类似于丽江粑粑。他留粑粑既是他留人日常喜爱的食物，也是招待客人、祭祖、节日和婚丧嫁娶的佳品，还是亲友之间互相馈赠时必不可少的食品。

永胜鸡枞：永胜地区盛产菌，而鸡枞被人们视为菌中之王，最为珍贵。鸡枞的吃法很多，可以单料为菜，也可以与其他蔬菜或肉类搭配。永胜加工的鸡枞油是待客和送礼的佳品。

麦酱：永胜汉族制作麦酱的历史无文字记载，相传已有200余年的历史，麦酱是民间不可或缺的调味品。

麦浪腌菜：麦浪菜为野生植物，每年冬春季节，三川坝的田间就会长出麦浪菜，随处可拔。人们拔取它后进行腌制，做成麦浪腌菜。这是三川的特色菜，也是招待客人和送礼的特产。

豆笋子：豆笋子是永胜三川坝一种别具特色的绿色食品。每当农历十一、十二月份，三川坝的田野上到处都是碧绿的蚕豆苗——豆笋子。豆笋子是永胜人爱吃的绿色食品。

彝族坨坨肉和苦荞粑粑：坨坨肉是彝族的传统美食，顾名思义，"坨坨肉"就是把肉砍成坨坨煮着吃，表现了彝族人的豪爽和不拘小节。

苦荞在彝族心目中是五谷之王，不但是主食，而且在祭坛上也会供奉它。苦荞粑粑是永胜彝族人待客的美味佳肴。

苦荞粑粑（赵小平提供）

诗赋、楹联

宜宾市筠连县腾达镇王爷庙楹联

在腾达镇王爷庙的石门框上镌刻着两行联句:樊道乐中流圣泽光照付黑水;犀山遥拱翠神威显赫镇腾龙。

凉山州西昌市礼州古镇诗赋、楹联

清乾隆三十二年(1767年)春,宁远知府查礼巡视礼州后吟《礼州行》诗一首:"鸡鸣逐晓风,雨后归云净。策马穿树行,春光曙色映。桃杏花半开,溪暖鱼游泳。看山如黛横,临水犹窥镜。载驰抵礼州,居民颇殷盛。俗淳时亦安,习俗无争竟。"这首诗将当时礼州景色宜人、民风淳朴、一派欣欣向荣的景象呈现了出来。

曲靖市会泽县会馆楹联

会泽县城建有108座会馆庙宇,庙庙有联、寺寺有对,正殿、偏殿、两庑、神龛两侧皆挂匾悬联,这为数不少的楹联丰富了会泽楹联文化的内容。现借用会泽地方史专家卞伯泽先生的整理成果,在此把会泽著名的八大会馆(江西会馆、湖广会馆、贵州会馆、江南会馆、四川会馆、云南会馆、陕西会馆、福建会馆)的楹联罗列如下:

江西会馆:

一

一部笙歌,留住西江春色;
两廊俎豆,荐来南国馨香。

二

倚翠屏,不啻西山景象,更幸有石鼓金钟,唤醒异乡名利;
迎蔓海,已非南浦风光,最难忘乌屿花洲,荡舒故国胸怀。

三

孽蜃百万千,几度尽归三尺剑;
仙眷四十二,霎时重上九重天。

四
铁柱显神功，看此日，井底蛟龙频清浪影；
堂琅歌圣德，想当年，云中鸡犬曾奏仙声。

五
靖著洪都，降龙斩蛟明日月；
恩布南国，经天纬地亘古今。

六
天眷在兹，今古由来颂万寿；
客星如此，乾坤无处不洪都。

七
得所依归，鸡犬皆仙家种子；
果能忏悔，铁树即苦海灵槎。

八
除晋代之蛟龙，仙迹留传来南岭；
庇靖时乎士女，福星临照自西江。

九
本自西江，喜今日聚会堂琅，恰似庐山面目；
恩流东郡，赖平时灵昭大地，群沾上界神仙。

十
息巨浪，而普济群生，洋洋争惠，衍千秋岂独西江福主；
奠洪都，却永安百姓，雍雍争思，被九野自是东土圣人。

十一
勅勖勤动劬劳，勤勤勉，君亲师一体协力；
志忠怒念慈悲，思感应，儒释道三教同心。

十二
六根长守空三戒；
双眼能传七祖灯。

十三
炼就忠孝无双士；
妙济江湖第一仙。

十四
南极星辉，荷叶随风开寿域；
西江鱼舞，榴花映日发新机。

十五
朝侍君，暮侍母，忠孝神仙；
远救楚，近救吴，洪都法王。

湖广会馆：

一
道济江河旧矣，声名古今；
功参造化诚哉，福泽士民。

二
斩龙治水当年事；
护国佑商至今扬。

三
三洲归正法；
一杵定真空。

四
庙邈远镇昭宇宙；
乡情常若一家宽。

五

南极星辉,寒梅开放祝圣寿;
东岳腾瑞,雪花飞舞庆千秋。

六

一曲声默,须臾里,天聋地哑;
几班做作,霎时间,春露秋霜。

七

万顷波中奋扬威,功高盖世;
一帆风内济人利,物惠普天。

贵州会馆:

一

忠尽应同岳武穆;
烈轰不让颜常山。

二

一生忠气山河壮;
千载精神日月光。

三

世人称为黑神,其诬甚矣;
古来有奇男子,于兹见之。

江南会馆:

一

闲寻春隅过溪桥;
静爱竹时来野赤。

二

遇有缘人，不枉我望穿眼孔；
得无上道，只要汝立定脚跟。

三

白衣仙人，瓶中水杨柳；
赤带男子，天上若麒麟。

四

忠义天心，春秋尊隆俎豆；
神武正气，寰宇恪荐馨香。

五

数著残棋江水晓；
一声长啸海山秋。

六

音亦可观，方信聪明无二用；
佛何称士，须知儒释本一家。

七

旧有此庙，乡人频添怀古情；
新建斯楼，游客又增好去处。

四川会馆：

一

灵分灌口，江边面貌耸滇池，客祭宛如家祭；
籍在峨眉，山下乡情墩石鼓，金钟东川西川。

二

载治乱，知兴衰，千秋事业若亲目；
寓褒贬，别善恶，万古人情全在兹。

云南会馆：

一
上极无上，巍巍金阙玉尊；
玄之又玄，渺渺玉京上圣。

二
神先垂佑，俾家外而迪去；
惠泽周流，令所做以享隆。

三
福海重重，仰神恩荫庇；
寿山叠叠，赖惠泽以扶。

四
神乃更灵，惟志诚而可格；
敬之如在，必精意以玄通。

五
尊上玄穹，步清虚而登九五；
圣称无极，居太上以遍三千。

六
富而可求，当念生财有大道；
惠而不费，益知造物无尽藏。

七
富而可求，一部奇书夸少伯；
穷而能送，千秋佳话送昌黎。

八
只有几文钱，你也求，他也求，给谁最好；
不做半点事，朝也拜，夕也拜，教我为难。

陕西会馆：

一

青灯观青史，着眼在春秋二字；
赤面表赤心，满腔存汉鼎三分。

二

大义参天浩气满；
精忠贯日神威昭。

三

是忠义两言，直是毕生性命；
爱春秋一部，用难万事纲常。

福建会馆：

一

慈云远在江天外；
坤德长存泽国中。

二

自神以后，一人盛德在水；
由大宋来，千古宗祀配天。

三

东岳庙唱西厢，南腔北调；
天后宫念地藏，鬼哭神号。

曲靖市富源县胜境关诗赋、楹联

（一）诗赋

石虬胜境关庙前石龙

清·竹虚氏

穆皇当年游八极，鞭挞虬龙随辙迹。一龙狡狯不肯前，罚向空山作顽石。石兮由来几万载，陵谷频迁石不改。骨相嶙峋黛色深，掉尾常欲赴东海。乍起乍伏势攫拿，半皱半瘦鳞斑剥。山前怪石分成个，小则鸱蹲大虎坐。一龙夭蹻踞其巅，清高稳似南阳卧。风流仙吏称好事，大笔点染擘窠字。米颠下拜髯苏骇，从此衣冠叱灵异。我笑石虬徒剅刅，从来神物贵难测。胡不补入娲皇天？否则幻入僧貏墨。奚为不见亦不藏？崛强跧伏空崖旁。儿童骑弄苦藓蚀，变幻输与初平羊。石虬闻言怒起舞，雷公随之击大鼓。顷刻风云自吞吐，洒作南天十日雨。

滇南胜景二首
清·赵桂

连冈望与白云齐，绝顶登临驻马蹄。
锁钥远开金碧外，河山雄扼夜郎西。
春深古驿车书会，冷月空庭虎豹啼。
叹息蛮琴人不见，岩花野草自萋萋。

群山莽莽尽朝东，峻岭西回一径通。
地涌虬龙占石气，人随猿鸟渡云丛。
寒泉夜洒阴岩雪，古木晴豪大壑风。
咫尺丹霄疑可接，振衣我欲陟苍穹。

石龙古
清·平彝县令 任中宜

古寺深山里，萧疏意冷然。
阴晴分寒暑，风雨判滇黔。
龙岂池中扬，何来岗上眠。
待到春雷发，乘时欲上天。

入滇南胜境
清·平彝县令 任中宜

鸟道梯空镇日跻，松关路迥破霜蹄。
彩云尚在千山外，沃野仍过六诏西。

再咏滇南胜境
清·平彝县令 任中宜

彩云深处划滇疆，岭上茅分古夜郎。
北望帝京程万里，南瞻金马路遐荒。

滇南胜境

清·管灏

路入滇南第一关，黔峰登陟息心难。

茅从宣岭分昆海，地辟滇溪拱玉山。

石龙古寺

明·平彝卫教授　刘怀宸

境入滇南便翠微，禅关兽锁石龙归。

安排鳞甲埋茅草，怒卷沧溟送落晖。

吟月不辞甘露冷，乘云还带篆烟飞。

早知琪树逢僧话，莫向山头显化机。

（二）楹联

胜境坊楹柱联：

总督印畀，以三边改土归流，一劳永逸；

太傅坊标，于万历畏威怀德，百代常新。（东面联，清·孙琼，杨蓉洲重书）

列县源遗，制锦粗才真愧我；

名臣清重，绥疆宏略最推公。（西面联，清·张培爵，杨蓉洲重书）

胜境关牌坊长联：

八千里启戟遥临，化蒙苗部落，袭汉族衣冠，都人士怀文治武功，咸感慨悲歌，钦崇先正；

二百年鲁灵岿在，留赫灌声威，镇岩疆锁钥，良有司仰流风善政，再经营缔造，延起后贤。（民国·杨蓉洲）

胜境关关帝庙联：

黔疆烟雨，滇界风霜，终古兼圻威一镇；

魏国山河，吴官花草，于今裂土笑三分。（清·佚名）

咫尺辨阴晴，足见人情真冷暖；

黔滇原唇齿，何须省界太分明。（民国·蒋绍封）

胜境关石虬亭联：

古柏参天，风声入座；虬龙伏地，云气凌霄。（清·包家吉）

胜境关联：

山容分面背，河势限黔滇。（明·袁文亮）

茅从宣岭分昆海，地辟滇西拱玉山。（清·管灏）

胜境关石坊联：

彩彻云衢，山界滇域；滇南胜境，岭划黔疆。（佚名）

一关称胜境，城封锁钥，岭界滇黔，东望烟霾笼地，西瞻丽日悬空，看两对石狮殊容异貌，此蒙尘裹土，彼覆藓披苔，方寸即分冷暖，瞬时已辨阴晴，请诸君共赏奇观，休辜负良辰美景；

千载数风流，德配山川，名垂典籍，文推县令鼍琴，武重将军殉国，有半篇碑记铁画银钩，你咬字嚼词，他寻幽探妙，品格可见清浊，才具能识高下，劝列位同行大道，要学习古圣今贤。（小髯翁）

曲靖市富源县块泽河桥头观音寺楹联

砥柱中流回凝块泽千里水，奇石独立撑起悬崖几重山。（清·佚名）
横联：光辉宝地。（清·佚名）

丽江古城楹联

丽江木府楹联：

越自汉唐，缙笏簪缨世胄；肇兴元宋，衣冠文物人家。（明·木公）

茶马古道文化馆：

古道景常新，为有来人能拓展；马蹄声未歇，更多前路待奔驰。（当代·宁志光）

茶马古道文化馆：

素女清歌彩绿云，待播天香飘碧海；金铃绝响回幽谷，来循蹄迹过春山。（当代·赵家聪）

茶马古道文化馆：

色香味誉满神州，无计谢浮名，且让卢仝尝七碗；早中晚芳笼古道，多情怀故土，任凭陆羽颂千秋。（当代·魏书祝）

茶马古道文化馆：

千载铃传驿道马帮驮遍三江月；一朝名就龙团凤饼烹香四海天。（当代·杨德云）

会 节

凉山州西昌市礼州古镇的会节

每到春节,礼州古镇都会举办庙会。庙会期间,人们可以逛庙会、看"说春""打春牛"、参加"祭春"等大型民间民俗表演,还可以听"洞经古乐",和家人一起到许愿树下去祈福。此外,舞龙舞狮也是礼州每年的必演节目。

近年来,礼州古镇举办了"到礼州,过年味儿最浓的春节"的古镇庙会和以"南丝遗风,古韵悠长"为主题的古镇文化节,这些活动以弘扬古镇文化为主线,以展示民俗风情为依托,紧贴古镇的传统特点,突出古镇民风、民俗的丰富内涵,将礼州丰富而又独具个性的历史文化、红色文化、建筑文化、民俗文化、饮食文化向社会各界进行了充分展示,提高了礼州古镇的对外知名度,推动了礼州从旅游资源大镇向旅游经济强镇的新跨越。

昭通古城的会节

昭通古城传统的会节较多,有远近闻名的庙会,也有不同时节的会节,至今保持较好。

庙会:农历二月初八是昭通的传统庙会举办时间。每年在昭通市昭阳区内建于乾隆年间的大龙洞道观内举行盛大的庙会,大龙洞道观的庙会也因而成为人们祈福、娱乐的好去处。每年庙会场面宏大,来此祈福的香客摩肩接踵,赶"二月八"已经成为当地人重要的文化活动。

传统节日:农历三月三上巳日,昔日元宝山香会很旺,连着三日三夜游客不绝。农历五月五为端阳佳节,各户人家悬艾插蒲,饮酒食粽,午后游人多去元宝山、卫泉公园游玩,至晚始散。阳历八月初为火把节,夜中多燃松竹火炬。在古时,人们认为点燃火把可以照田祈年,以火明暗占来岁之丰歉。农历七月十五为中元节,家家接送祖先,焚烧纸钱。以农历七月十三、十四日为开端,各寺庙以十五日为盂兰会,搭立高台,诵念佛经。农历八月十五为中秋佳节,家家夜里以瓜饼祭月,晚间家人共坐一起赏月、共食月饼。农历九月初九为重阳节,家家食花糕、饮菊花酒以除疾疫,文人则呼朋引友,以登高赋诗为乐。农历十月上旬为"十月朝",此十日中,男女相率上坟,以为送寒衣。

昭通市盐津县的会节

春节：农历正月初一，天刚亮，供香烛、茶果、糖食、汤团以祭祀祖先及天地、灶土、门神，依次祀毕，启户外出，曰"出行"。初一白天，举家长幼依次致敬贺年，亲戚邻里以礼物互馈贺岁。往来待客以自家制的糖果酒食为主，小孩子以击锣打鼓为乐；夜间则张灯点烛。初五称为"破五"，农家预备春耕工作。十五日午间，焚香烛、献供品。晚间，照灯火于先人坟墓，称"送年"。十五日夜，龙灯、狮灯以及各种杂耍相戏于街衢之上，鼓乐沸腾，爆竹盈耳，行人拥挤，攘往熙来，欢嬉无禁，谓之"闹元宵"。

农历三月三日，农家称为"蚕子会"。青年男女出游郊野，名曰"踏青"。

农历五月五日，端午佳节，挂菖蒲、悬艾虎、系角粽、蒸馒头、饮雄黄酒，食大蒜、苋菜、糯米粽子等，并以礼物互相馈赠亲友。午后，多结伴上山采药煎水沐浴，或探幽洞，谓之"游百病"。

农历七月十五日，为中元节。在前半月内，即洒扫庭堂，备时食祭献先人。是日始焚纸钱，记名分包。

农历八月十五日，为中秋节，家家饮酒吃肉、举家欢宴。至夜间，设果饼、香烛于桌案，家人亲朋团聚赏月、饮酒，共庆佳节。

农历九月九日，以糯米酿酒点缀重阳，或饮菊花酒，或亲朋相聚，或登高怀亲。

农历十月一日，为牛王会。凡饲牛养牛之家多以糯米饭捣碎制成糍粑喂牛食用，并沾少许糯米于牛角之上，以示报答牛一年耕劳之苦。

农历十二月二十三日，自作糖果祭祀灶神，送灶神上天，庆祝小年。

三十日除夕，家家打扫房屋内外，换春联、贴门神、糊窗刷壁、张挂楹联书画、陈列用具，务令焕然一新。蒸豚杀鸡祭献祖先，合家欢食，曰"团年"。至夜中，高烧灯烛，围炉守岁，给儿童钱，曰"压岁钱"。

曲靖市会泽县的会节

会泽的民俗文化丰富多彩，除了日常生活中独特的吃、穿、行、用、住等风俗之外，以庙会活动为主体的会节也使得会泽的民俗文化更加绚烂多彩。会泽的庙会活动习惯称为"办会"，其主要是在会泽地区各外省移民和本地人民所建的同乡会馆或同业会馆以及一些宗教寺庙中按照特定的日子举行一系列活动。由于这些会馆往往寓馆于庙，所以又被广泛称为庙会活动。根据卞伯泽先生的调查，会泽的庙会活动大体涵盖三个内容，其一是以传统节日为内容所举办的庙会活动，如清明、七月半、十月朝等节日。其二是每逢到会馆或者寺庙所供奉的神祇的诞辰所举行的庙会活动，如江西会馆的真君会、观音会、玉皇会，临江会馆组织的药王会、肖公会、晏公会，吉安会馆组织的文公会、李公会等。其三是会馆在塑像、开光、上梁、挂匾时举行的庙会，期间欢迎本省和本行业的人参与。

农历正月：

初一：云南会馆上头香。

初三：湖广会馆庙会。

　　　财神庙孙祖殿办会。

初四：炉神庙及碛王庙开炉日。

初六：玉皇大帝诞辰，江西会馆举办玉皇会，会泽人称"上九会"，凡塑有玉皇大帝神像的会馆及庙宇（如江西会馆、云南会馆）都举办庙会。

　　　财神庙苏祖殿办会。

十二：江西会馆举办真君会。

　　　湖广会馆举办禹王会。

立春日：由于立春无固定月日，有时会在上年的腊月，有时在一年的正月，但这一天由官府主持"打春"活动，并于东岳庙（湖广会馆）迎土牛。

农历二月：

初三：文昌帝君诞辰，举办金钟山庙会。

　　　在城隍庙举办"城隍会"。

十五：太上老君诞辰，在宝云旧局及老君庙举办"老君会"。

十九：观音菩萨佛辰，举办观音会。

二月第一个丁日：文庙祭祖。

二月第一个卯日：武庙祭祀。

二月第一个亥日：先农坛祭祀。

二月第一个上戊日：社稷坛祭祀、山川风云雷雨祭祀。

农历三月：

初二：玄天真武大帝诞辰，举办真君会。

初三：青龙寺庙会。

　　　三皇宫庙会。

初五：鲁班忌日，举办鲁班庙会。

二十三：妈祖诞辰，福建会馆庙会。

二十八：东岳大帝诞辰，湖广会馆庙会。

清明节：郡历坛祭祀。

农历四月：

初八：释迦牟尼诞辰，大佛寺、西来寺、小佛堂举办"浴佛节"，俗称"洗太子"。

十四：吕纯阳诞辰，江南会馆举办"吕祖会"。

二十八：临江会馆举办药王会。

农历五月：

十三日：关羽诞辰，在武庙、陕西会馆、江南会馆举办庙会。

二十八日：城隍庙主持"迎神会"。

农历六月：

初六：土地庙庙会。

斗姆阁朝斗庙会。

十九：观音菩萨得道日，江西会馆举办观音会。

二十三：马王庙庙会。

二十四：牛王庙庙会，举行游河节。

雷祖大帝圣诞，雷祖庙庙会。

火神庙庙会。

农历七月：

十三：张飞诞辰，张圣宫庙会。

十五：中元节，各会馆寺庙办会超度亡灵。

郡历坛祭祀。

十七：财神庙蔡祖殿办会。

二十一：财神会。

农历八月：

十八：财神庙孙祖殿办孙祖会。

第一个丁日：文庙祭孔。

第一个卯日：武庙、云南会馆、陕西会馆，祭关羽和岳武穆。

二十七：孔子诞辰，文庙进行祭祀（1928年开始举办）。

农历九月：

初九：真武大帝成道日，青龙寺庙会。

财神庙梅葛会庙会。

朝斗节，斗姆阁庙会。

金火炉神生辰，宝云旧局庙会。

十三：财神庙孙祖殿庙会。

十六：财神庙轩辕殿"成衣业"办会。

十九：观音菩萨出家日，县城凡有观音塑像的寺庙办"观音会"。

霜降日：旗纛坛祭祀。

农历十月：

初一：郡历坛祭祀。

初三：清江会馆"萧公会"。

初十：苏武归汉日，财神庙苏祖殿办苏祖会。

农历十一月：

冬至：冬至节，这一天"太阳回归"，庆祝春回大地。

农历十二月：

二十：鲁班诞辰，鲁班庙、明巧宫举办庙会。

二十四：灶君上天日，城乡均有祭祀活动。

二十五：玉帝下凡考察民情，各家均有迎驾活动。

三十：诸神下界觅寻民间善恶，各户均有迎神活动。

曲靖市沾益区的会节

炎方跑方

每年正月初三到初六，沾益区炎方乡举行跑方民俗祭祀活动。所谓"初三跑小方，初五撑船，初六跑大方"。两队各六人，身穿红黄或黑白颜色衣服，头扎红布条，手举幡旗、锣鼓，围着桌子，边跑边喊、边舞边鼓，沿着布置好的场地跑出循序变换的不同阵型。

跑方，又叫跑幡，俗称开方破狱。据传闻起源于唐贞观年间，唐王梦游地府，回阳间后举行水陆法会超度亡魂，后来逐渐完善。它以村为单位，和尚道士或阴阳先生为主角，大小会首为主事，以跑为主，是一种融合走念喝喊唱、伴以鼓乐歌舞的地方村落群体祭祀活动。

跑方首先要布置场地。将八张同样的八仙桌两两叠起来，放至四个角，作为底座，呈正方形，桌子上放一盏灯为内四门阵。在四门阵门外正中位置放至四个底座，相连为十二门阵，在此基础上，每两个底座外中间位置放至一个底座，可以组成二十八门阵，依次累加可以组成更复杂的门阵。另一种是内四外八形式。

跑方开始，"黄龙翻身"踩场子，接着，"吊大葫芦"开方破狱。东西两队，身着红黄和黑白服饰，由教首掌幡带路，锣鼓跟进，念祝辞。依照各种路线，如金钱吊葫芦、单链子、双链子等依次前进，不可出错。两队如二龙戏珠，在阵中游走，闪转腾挪，待一程走罢，东西二队刚好位置对调，继续第二程。

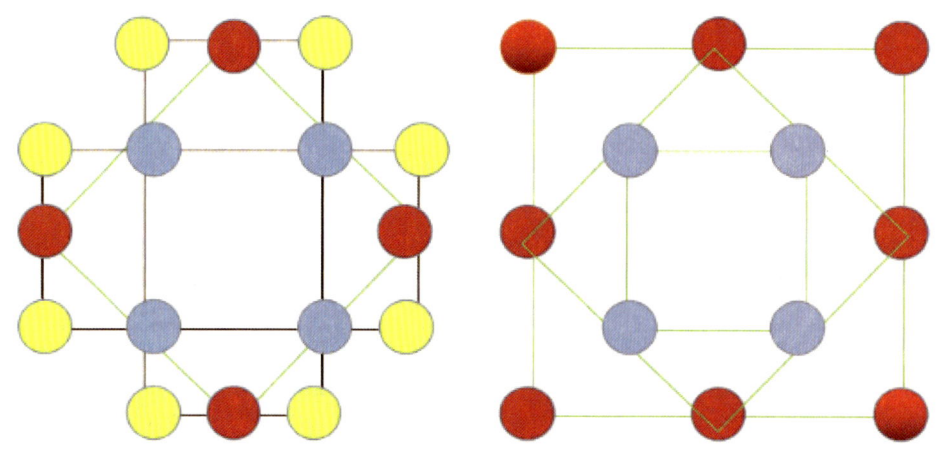

炎方跑方图（根据《文化曲靖·沾益》跑幡祭祀一节与曲靖新闻网《炎方传统民俗：跑方》两文自制）

跑方的方阵象征着地府，各个连线底座为城门或司域，跑方之人穿梭其中，不断进出地府，怀着无畏的英雄气概，穿越阴阳，转祸化福。

跑方结束后，会首与道士、阴阳先生组成撵船组和发净组。撵船组抬着竹编纸糊大船穿村游走，发净组到各家各户打扫房屋，收取冤魂恶鬼，百病灾难。人们点起火把驱赶两组，直到将船撵至村外地势低处，一把火将纸船烧毁，收齐净水，一同泼出，象征着灾难晦气一同除去，全村和和美美，大吉大利，仪式正式结束。

曲靖市富源县的会节

富源水族祭龙节在每年农历的第一个蛇日（即农历的巳日）举办，也叫祭龙潭，同时也是水族青年的"对歌节"。每逢这天，所有人聚集到古敢乡大龙潭边，献上一头猪、两只鸡还有其他祭品，由主持人叩拜诵经：

> 赫赫洋洋，水生龙潭。
> 杀猪宰鸡，祭献龙王。
> 甲乙丙丁，风调雨顺。
> 子丑寅卯，龙凤呈祥。
> 年年岁岁，平平安安。
> 水生龙潭，赫赫洋洋。

祭祀结束后，水族男女便开始对歌，你唱我答，场面隆重、热闹。

丽江古城的会节

丽江居民主要是纳西族，纳西族的传统节日至今保留较好。

纳西最神圣的盛典——祭天节：纳西族的诸多民俗事象反映在传统节庆活动中。纳西族最重要同时也最为神圣的节日，莫过于在春节期间举行的祭天节。在纳西族中自古流传着这样两句俗话："纳西美布若"，纳西族是祭天子民；"纳西美布迪"，祭天是纳西族的头等大事。纳西族的祭天古俗，过去有单家独户举行的仪式，也有多家集体举行的隆重庆典，还有按照古代不同氏族即束、叶、禾、买的祭祀遗风，分成普督、古许、古展、古禅等若干群体进行。但无论哪种方式，其祭祀形式和内容又基本保持一致。纳西族祭天一般都选择在村子附近的山坡上。祭坛里的重要标志物是三株祭木：一株单主柱黄栗木竖在左边象征"美"——即"天"，一株双叉栗木竖在右边象征"达"——即"地"，另一株柏木象征"许"——即天舅，竖在中间。祭木下边的石头也分别代表着天、地和天舅的守护者。这用树木和石头为主要祭物标志的祭祀遗风，反映了纳西先民古老的自然崇拜观念。祭天这样的庄严祭礼大典现已变成了全民族的传统节日。祭典结束后，人们通常还会进行各种传统的文体活动，比如打靶射箭和赛马等。

桑多节（三朵节）：纳西东巴传承的诸多祭典中，还有一种叫"桑多松"的仪式，这是祭祀桑多守护神的祭典。桑多崇拜是纳西族自唐代以来在玉龙雪山下定居之后逐渐形成的信仰习俗。近年，丽江把农历二月初八（祭礼桑多神的日子）正式定为民族的传统节日。桑多为玉龙雪山的山灵化身，把山人格化、神格化，是纳西先民山石崇拜的遗风。在民间传说里，桑多是一位身披白袍、头戴白盔、手持白矛并骑白骏马的勇猛战神，常年守护玉龙雪山。现在，每逢农历二月初八，各地纳西族都以各种形式纪念和欢度这一民族传统节日，身居北京、昆明等地的纳西族也不例外，都把桑多节视为弘扬民族文化、联络民族感情和加强民族凝聚力的吉祥节日。

火把节：纳西话称火把节为"创美生恩"，"创美"意为农历六月，"生恩"是节日名称。和彝族一样，纳西火把节节庆的时间在农历六月二十四、二十五和二十六日三天。纳西人把火把节和春节视为一暑一寒两个时序交替期间的重要节庆，火把节为暑天过的年节。时值炎夏的农历六月，各种疾病骤然增多，常有人畜死亡，所以，纳西人把这个月份看成"楚亨"，意思是"魔鬼的月份"。节日夜晚举家点燃火把，其意是驱除魔鬼。过去每逢节日来临时，各地还常常举行斗牛比赛，并以斗牛场为中心，民间歌手对唱传统民歌。

棒棒会（弥老会）：棒棒会在每年农历正月十五举行，原来是佛教的节日，清代以后逐渐成为竹木农具交易会。棒棒会期间，四乡居民纷纷进城，大街小巷摆满了犁、耙、锄、斧、扁担、木桶、篮、筐等竹木农具，人们沿街叫卖各种土特产品，极具地方民族特色。伴随着社会发展，棒棒会又逐渐发展成花卉、果木交易的百花会。山茶、兰花、蜡梅、郁金香等各色花种以及苹果、桃、梨等各种果苗树种满街出售。此外，还有各种千姿百态的盆栽。在交易会上，名目繁多，价格优惠，热闹非凡。

骡马会：骡马会是纳西族的重要节日，每年农历七月中旬举办，会期15天，因以骡马等大牲畜交易为主，故名骡马会。在古时茶马古道上，马帮需要大量的骡马来驮运货物，所以，骡马交易便出现了，到后来发展成骡马会。相传，在古时骡马会上，有数万头大牲畜在市面上出售，场面十分壮观。今天的骡马会上，除骡马交易外，还有农业、花卉、科技、图书、摄影等展览，并放映电影。除此之外，还有戏曲、舞蹈等表演。

丽江市永胜县三川镇的会节

永胜是茶马古道上的重镇，加之居住着不同的民族，所以这里有不同民族的传统节日。

火把节：彝语称"杜责"，含还账之意。农历六月二十四日火把节是彝族的传统节日，历时三天。第一天，祭祀祖先；第二天，各寨会聚集在一起举行斗牛、斗羊、赛马、摔跤等娱乐活动；第三天，傍晚举行"杜沙"，即送火把的仪式。

吾昔节：这是普米族的节日。"吾"意为年，"昔"意为新，吾昔就是新年之意，俗称"过新年"或"普米节"。普米族的吾昔节具体日期不定，农历腊月初六、初七、初八都是吾昔节的日期。吾昔节来临之前普米族会做很多的准备。吾昔节这一天，普米族会进行祭祀等活动，到下午的时候，举行敬锅庄仪式。过了这一天，普米族就开始迎接新的一年。

尝新节（收获节）：这是傈僳族的节日。每年农历九、十月，当玉米开始收获时，家家户户煮酒尝新。男女聚集在村寨广场，烧篝火，老人弹琵琶、月琴，边唱边弹，讲述远古的历史，青年男女则围着圆圈跳舞，歌舞通宵达旦，尽欢而散。

阔时节（迎新节）：这是傈僳族的迎新节。每年农历十二月二十日举行。早上各家各户做自家的准备，然后各村寨老幼围着青松、谷物吹起葫芦笙，跳迎新舞，唱迎新歌，并举行隆重的送魂仪式。整个节日热闹非凡，通宵达旦。

参考文献

（一）文献、方志

[1] 司马迁. 史记. 北京：中华书局，1963.

[2] 班固. 汉书. 北京：中华书局，1964.

[3] 刘琳. 《华阳国志》新校注. 成都：四川大学出版社，2015.

[4] 欧阳修，宋祁. 新唐书. 北京：中华书局，1975.

[5] 明太祖实录. 台北："中央研究院"历史语言研究所，1962.

[6] 张廷玉，等. 明史. 北京：中华书局，1974.

[7] 顾祖禹. 读史方舆纪要. 北京：中华书局，2005.

[8] 阮元，等. 道光《云南通志稿》. 刻本. 1835（道光十五年）.

[9] 管学宣，万咸燕. 丽江府志略：上卷. 丽江：丽江县县志编委会办公室翻印.

[10] 清盐法志. 北京：盐务署，1920.

[11] 云南省志编纂委员会办公室. 续云南通志长编：中册. 昆明：云南省科学技术情报研究所印刷厂，1986.

[12] 周钟岳，等. 新纂云南通志. 牛鸿斌，等，点校. 昆明：云南人民出版社，2007.

[13] 杨履乾. 昭通志稿. 昭通：昭志书社，1924.

[14] 三杉隆敏. 探索海上的丝绸之路. 东京：创文社，1967.

[15] 云南省华坪县志编纂委员会. 华坪县志. 昆明：云南民族出版社，1997.

[16] 盐源县志编纂委员会. 盐源县志. 成都：四川民族出版社，2000.

[17] 段鹏瑞. 巴塘盐井乡土志//西藏自治区芒康县地方志编纂委员会. 芒康县志. 成都：巴蜀书社，2007.

[18] 王秉韬. 乾隆《沾益州志》. 郝正治，校注. 昆明：云南人民出版社，2009.

[19] 李恩光. 光绪《平彝县志》. 刻本. 1908（清光绪三十四年）.

[20] 云南省大关县地方编纂委员会. 大关县志. 昆明：云南人民出版社，1998.

[21] 《昭通旧志汇编（一）》编纂委员会. 昭通旧志汇编（一）. 昆明：云南人民出版社，2006.

[22] 云南省巧家县志编纂委员会．巧家县志．昆明：云南人民出版社，1997．

[23] 云南省永善县人民政府．永善县志．昆明：云南人民出版社，1995．

[24] 云南省东川市地方志编纂委员会．东川市志．昆明：云南人民出版社，1995．

[25] 云南省威信县志编纂委员会．威信县志．昆明：云南人民出版社，2000．

[26] 云南省镇雄县志编纂委员会．镇雄县志．昆明：云南人民出版社，1987．

[27] 西藏自治区芒康县地方志编纂委员会．芒康县志．成都：巴蜀书社，2007．

[28] 德钦县志编纂委员会．德钦县志．昆明：云南民族出版社，1997．

[29] 云南省中甸县地方志编纂委员会．中甸县志．昆明：云南民族出版社，1997．

[30] 《盐源县志》编纂委员会．盐源县志．成都：四川民族出版社，2000．

[31] 宁蒗彝族自治县志编纂委员会．宁蒗彝族自治县志．昆明：云南民族出版社，1993．

[32] 四川省冕宁县地方志编纂委员会．冕宁县志．成都：四川人民出版社，1994．

[33] 四川省喜德县志编纂委员会．喜德县志．成都：电子科技大学出版社，1992．

[34] 陈基栋，缪果章．宣威县志稿．台北：成文出版社，1934．

[35] 四川省地方志编纂委员会．四川省志·盐业志．成都：四川科学技术出版社，1995．

[36] 自贡市盐业历史博物馆．四川井盐史论丛．成都：四川省社会科学院出版社，1985．

[37] 梁晓强．《东川府志·东川府续志》校注本．昆明：云南人民出版社，2006．

[38] 吴强，等．民国云南盐业档案史料．昆明：云南民族出版社，1999．

（二）著作

[1] 徐发苍．云南历史文化名村名镇·可渡．昆明：云南人民出版社，2008．

[2] 唐仁粤．中国盐业史（地方编）．北京：人民出版社，1997．

[3] 刘云明．清代云南市场研究．昆明：云南大学出版社，1996．

[4] 国家文物局．中国文物地图集·云南分册．昆明：云南科技出版社，2012．

[5] 牛暾．多彩丽江：牛暾摄影作品系列．昆明：云南美术出版社，2005．

[6] 车文龙．丽江古城．北京：中国画报出版社，1999．

[7] 周克坚．丽江．北京：中国旅游出版社，2003．

[8] 卞伯泽．会泽文化之旅——会馆文化（上下）．昆明：云南人民出版社，2011．

[9] 徐发苍．曲靖石刻．昆明：云南民族出版社，1999．

[10] 蒋双祥．文化曲靖·富源．昆明：云南人民出版社，2012．

[11] 刘科兵．魅力名镇——娜姑．昆明：云南美术出版社，2012．

[12] 陈兆彩．娜姑镇文物志．昆明：云南民族出版社，2000．

[13] 刘徐州．趣谈中国戏楼．天津：百花文艺出版社，2004．

[14] 齐乔所．文化曲靖·沾益．昆明：云南人民出版社，2012．

[15] 自贡市盐业历史博物馆．川盐文化圈图录：行走在川盐古道上．北京：文物出版社，2016．

（三）论文

[1] 何国涛．自贡运盐河道与歪屁股船．盐业史研究，1989（4）．

[2] 李俊．西南丝绸之路与云南贝币的流通．云南文物，1994（38）．

[3] 秦运梁．《南广河号子》初探．音乐探索·四川音乐学院学报，1996（4）．

[4] 韩介明．滇疆黔界胜境关．文史天地，2006（1）．

[5] 李蓉岚．"五尺道"沾益段的历史作用探微．曲靖师范学院学报，2011（2）．

后 记

《川滇古盐道》是教育部高校出版社主题出版项目"中国古代文化线路——川盐古道"丛书之一，川滇古盐道因其多与历史上的"茶马古道""京铜运道""南方丝绸之路"相重合，故有着丰富多元的文化内涵，古道上至今仍然可寻的历史记忆、一些鲜为人知的遗址、流传下来的珍贵文化符号和习俗，都需要我们进行探寻、研究、保护和宣传。

"中国古代文化线路——川盐古道"丛书，系由自贡盐业历史博物馆联合西南交通大学出版社重点推出的主题丛书。承蒙抬爱，将《川滇古盐道》委托我来主持，深感责任重大。为了写好本书，我们精心成立了编写组，在充分借鉴自贡盐业历史博物馆牵头的专家团前期实地考察成果的基础上，又系统查阅了大量相关文献资料，重点走访了一些代表性地区的遗址，最终完成了本书的撰写工作。

本书由赵小平负责设计大纲和统稿工作，并提供部分文献资料和图片。具体撰写任务分工如下：

本书"川盐入滇的历史"，"川滇古盐道的形成及发展"，"盐路遗址"中的"曲靖市'段氏与三十七部会盟碑'"，"传统建筑"中的"曲靖市会泽县文庙""曲靖市会泽县容氏祠堂""曲靖市会泽县唐继尧故居""曲靖市会泽县唐氏民居""曲靖市会泽县张氏民居"等部分由赵小平单独撰写。

宜宾市、西昌市部分由赵小平、周靖共同完成。

凉山州冕宁县、盐源县部分由赵小平、余劲松共同完成。

昭通市部分由赵小平、胡月共同完成。

曲靖市及会泽县、宣威市部分由赵小平、胡宗飞共同完成。

曲靖市沾益区、富源县部分由赵小平、王启鹏共同完成。

丽江市部分由赵小平、张惠共同完成。

本书能够顺利完成，特别要感谢自贡盐业历史博物馆和西南交通大学出版社的精心组织！感谢自贡盐业历史博物馆同仁在资料、图片上给予的大力支持！感谢我们采用的一些图片的拍摄作者！感谢西南交通大学出版社同仁为本书出版所付出的辛勤劳动!

  当然,由于编写组对大纲的设计未必能够面面俱到,存在挂一漏万的情况,也受限于编写组成员的学术水平和经历,书中肯定存在一些不足之处,还望各位专家学者给予批评指正。

赵小平

2017 年 4 月 25 日